La nueva generación de líderes

Un modelo para desarrollar su liderazgo entrenando a sus hijos

Mario Borghino

La nueva generación de líderes

Un modelo para desarrollar su liderazgo
entrenando a sus hijos

Grijalbo

La nueva generación de líderes

D.R. © 2007, Mario Borghino

Primera edición en México, 2007
Primera edición para EE.UU., 2007

Derechos exclusivos de edición en español reservados
para todo el mundo:

D. R. © 2007, Random House Mondadori, S. A. de C. V.
   Av. Homero No. 544, Col. Chapultepec Morales,
   Del. Miguel Hidalgo, C. P. 11570, México, D. F.

www.randomhousemondadori.com.mx

Comentarios sobre la edición y contenido de este libro a:
literaria@randomhousemondadori.com.mx

Random House Mondadori México
ISBN: 978-970-780-376-3
Random House Inc.
ISBN: 978-0-307-39170-4

Impreso en México / *Printed in Mexico*

Distributed by Random House, Inc.

En honor a mis tres hijos que tanto amo
y que han sido mi fuente de inspiración.
Rodrigo, Carlos y Alan

ÍNDICE

CAPÍTULO ONCE

SEGURIDAD INTERPERSONAL

CAPÍTULO DOCE

CAPÍTULO TRECE

CAPÍTULO CATORCE

CAPÍTULO QUINCE

CAPÍTULO DIECISEIS

El hogar es la escuela de los líderes

Este libro ofrece la gran oportunidad de educar cabalmente a niños, adolescentes y jóvenes, centrándose en entrenarlos para que sean líderes durante toda su vida. Además, este modelo de desarrollo para el liderazgo, también fructificará en los padres, ya que está probado que, al enseñar, el maestro aprende tanto o más que sus alumnos. Entrenando a sus hijos, usted también será un mejor líder.

Antes de casarme tenía tres teorías sobre cómo educar a los hijos. Ahora tengo tres y ninguna teoría.

JOHN WILMONT

A TRAVÉS DE LOS AÑOS he observado que las familias modernas muestran una sensible tendencia por el trabajo duro y productivo que ha desviado a los padres progresivamente del rol que deben desempeñar con sus hijos. La vida moderna ha inducido a las parejas a ser excelentes productoras de bienestar y poco desarrolladoras de la nueva generación. El modelo generador las ha llevado a transformarse en buenas proveedoras. Dado que ambos participan para tener una mejor vida, crean un bienestar con todas las comodidades de la vida moderna, sin percatarse que el objetivo de dar ha subordinado, inconscientemente, su rol de orientadores o educadores de sus hijos.

Ante estas circunstancias la mayoría de los padres se preguntan: ¿A qué horas lo voy hacer?

Hoy por hoy, vivimos en hogares "tipo hotel" a los

que una gran mayoría sólo llega a dormir y apenas se tiene tiempo para compartir con nuestros hijos las experiencias del día. El número de horas que se invierte en los hijos es tan poca, que los fines de semana se dedican a las compras básicas y a los quehaceres necesarios de la casa. Muchos padres de familia confiesan que la cantidad de ropa y juguetes que compran a sus hijos representa una forma de enmendar el tiempo no invertido en ellos.

> El equipo de trabajo más valioso con el que contamos son nuestros hijos.

Por lo anterior, este libro está diseñado para todos aquellos que tienen bajo su responsabilidad la formación de un menor, y que a pesar de ser parte de la vida en la que se cuenta con poco tiempo para construir la personalidad de los hijos, desean comprometerse en la construcción de su liderazgo.

Por consiguiente, mi experiencia de 34 años como consultor y entrenador de líderes me hace responsable de ayudar a los padres en el mejoramiento de su liderazgo personal y en su esfuerzo por educar a sus hijos.

En este sentido, la meta que como padres debemos perseguir es desarrollar las habilidades naturales de nuestros hijos para hacerlos líderes a partir de sus habilidades innatas. Si usted logra desarrollar eficientemente esas habilidades, sus hijos se transforman en líderes en la profesión que elijan en el futuro y, entonces, habrán cumplido con la mayor responsabilidad de su vida: "Construir una generación superior". Es así como los sacrificios de su vida habrán valido la pena, no sólo por los bienes materiales que les haya podido proveer sino por haber construido el legado más importante para sus hijos: **"Ser capaces de ser líderes de su propio destino"**, y no seguidores de falsas expectativas, ya que al transformarse en personas independientes y autónomas podrán construir su proyecto de vida.

Recordemos que sólo dentro del seno familiar los hijos cuentan con la seguridad de ser aceptados y amados tal y como son. En la familia es donde los jóvenes descubren y desarrollan sus valores, algo que fuera de dicho ámbito es difícil de encontrar. Por lo tanto, como padres, tenemos la responsabilidad de formar y no sólo de mantener y de educar a la familia.

La educación y el desarrollo de sus hijos son responsabilidades implícitas de la esencia familiar. Por ello, lo invito a que construya el liderazgo de sus hijos. La actitud incondicional que usted tenga de sus hijos producirá en ellos la seguridad necesaria para poder evolucionar y mejorar como personas. Los hijos comienzan a aprender y a confiar plenamente en sus padres cuando ellos se esfuerzan en su desarrollo, ya que todo proceso de enseñanza implica, en primera instancia, escuchar a los hijos, darle seguimiento a sus conductas para apoyarlos.

Los jóvenes para crecer necesitan partir de un sentido de pertenencia que usted les da dentro de la familia. Dicho de otro modo, cuando los hijos salen al mundo se encuentran con rivalidades y compiten frontalmente. Al volver a su hogar, necesitan encontrar seguridad y aceptación para recuperar su autoestima. El hogar es para los hijos lo que la esquina para el boxeador: ahí es donde se les provee de consejos y se les orienta para el próximo round. Y es precisamente esto lo que les permitirá enfrentar con mayor madurez los retos de la vida. Por lo tanto el hogar es la primera escuela de virtudes y de liderazgo en la que pueden encontrar el mayor mecanismo para potenciar sus talentos naturales.

Educarlos como líderes propiciará la seguridad que la sociedad les exige. Es en usted donde encuentran el amor, y por lo tanto aprenden a amar lo que les rodea, siendo esto crucial en su rol como líderes, para el proceso de convivencia con los otros. Sin embargo, frecuentemente, ocurre lo contrario cuando no existen las condiciones adecuadas de apertura y confianza, por lo que sin usted y sin la familia será difícil que su hijo/a pueda descubrir y potenciar sus virtudes.

La formación de sus hijos en liderazgo es una metodología que se aprende. Para ello, usted debe comprometerse en invertir

el tiempo necesario. Algunos padres iluso-
riamente esperan que su hijo se dé cuenta o
que encuentre el camino por sí mismo, pero
lamentablemente el ser humano no funciona
así. Otros, incluso dicen: "Ya están grandes
y espero que sepan lo que quieren. Ya hago
mucho con darles una educación que yo no
tuve". ¡Grave error! ¡Reflexione! Nuestro
objetivo como padres es convertirnos en

> Como en la esquina del boxeador, en el hogar se orienta a los hijos para el próximo round.

guías, en verdaderos *coach* que les muestren las opciones que en
el inicio no encontrarían por sí solos. Si los guía, podrán acelerar
su crecimiento en todo lo que hagan y podrán encontrar el camino con mayor facilidad. Simplemente pregúntese: "¿Si hubiese
contado con una guía adecuada durante las etapas tempranas de
mi vida, me habría ayudado a ser hoy un mejor lider?" Muchas de
las deficiencias que hoy tenemos como líderes radican en la falta
de entrenamiento adecuado en la etapa temprana de nuestra vida.

En el núcleo familiar los hijos son aceptados por lo que son y
no por lo que hacen. En cualquier otro lugar su hijo será aceptado
por lo que hace. Por ejemplo, si es tenista, será aceptado por el
número de partidos que gane. Si es futbolista, por los goles que
anote. En una empresa, por la cantidad de negocios que desarrolle. En su colegio, será aceptado por sus buenas calificaciones y si
no estudia será dado de baja porque no alcanza el promedio. Sin
embargo, en su hogar necesita ser aceptado tal como es para sentir
seguridad, oportunidad que usted debe aprovechar para construir
su personalidad de líder.

Usted es el primer educador de sus hijos, el promotor de los hábitos y actitudes apropiadas. Es trascendental que sus hijos lleguen
a la escuela con virtudes desarrolladas, que a su vez puedan verse
enriquecidas con la educación formal impartida por sus maestros.
Es así como deben programarse para implantar las medidas que
se requieren en la relación con sus hijos, favoreciendo en todo
momento sus atributos como líder.

> **Un hecho plenamente verificado: la mejor forma de aprender es ¡enseñando!**

Ellos deben disfrutar la ayuda que usted les proporcione y, también, las del resto de la familia, creando un ambiente de ayuda mutua. Entonces, las virtudes del liderazgo se construirán como producto de una convivencia armoniosa. Tenga presente que su responsabilidad como *coach* y maestro es transmitirles su sabiduría. En resumen, como dice Eugen Herribel en su libro *El arte de tiro con arco*: "Así como una vela enciende a otra, así transmite el maestro su conocimiento genuino, de corazón a corazón, para que el alumno se ilumine y triunfe".

De esta manera, espero sinceramente que Dios me dé la sabiduría suficiente para convencerlo del trascendental rol de formador de sus hijos, y que al término del libro haya conseguido transmitirle la importancia que tendrá para el resto de su vida.

Usted será un mejor líder si enseña a sus hijos a ser líderes

Si usted es ejecutivo, director, supervisor, profesor, abuelo, padre o madre de familia o simplemente maneja un grupo de personas, seguramente habrá leído acerca de las conductas de los lideres. Se habrá dado cuenta de que la habilidad del líder es necesaria para construir un equipo de trabajo. Lo paradójico es que asistimos a cursos o conferencias, leemos libros y artículos sobre liderazgo con la finalidad de mejorar las habilidades de las personas que trabajan con nosotros y muchos de ellos, con frecuencia, no anhelan laborar toda su vida en la empresa o lo ven a usted como un líder impuesto. Sin duda, manejar gente es muy difícil. ¡Por supuesto que lo es! No en vano las estadísticas indican que al 75% de los empleados les gustaría tener a otra persona como jefe, pero necesitan el trabajo y se alinean.

Por su parte, este libro le pide que todo lo que usted aprenda sobre el tema lo aplique en el equipo más importante que tiene **en su vida: sus hijos.**

Estudios realizados han confirmado que la mejor forma para aprender es enseñando a otros. William Glasser, afamado especialista en el estudio del aprendizaje, dice que la forma en que las personas reciben la información determina el nivel de aprendizaje. La siguiente grafica muestra la evidencia:

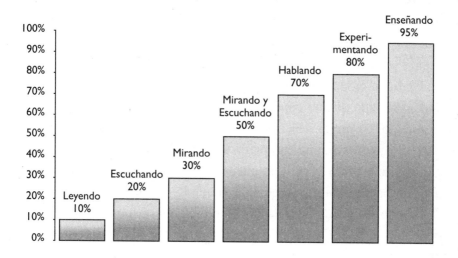

Como puede observar, el modelo de aprendizaje de mayor impacto (95%) se obtiene enseñando a otros. Por eso este libro lo invita a que enseñe a sus hijos a ser líderes, pero también a que usted adquiera un mayor nivel de aprendizaje acerca del liderazgo, dado que para enseñar se necesita dominio y comprensión del tema.

Asimismo, le sugiero que lea y estudie este libro con detenimiento. Lo invito a que resuelva los ejercicios que le incluyo, ya que está comprobado que para dominar un tema se necesita profundizar en él. Lo invito, por otra parte, a que no sólo concentre su vida en las capacidades de liderazgo de personas que trabajan para usted. Le aconsejo que se esfuerce en construir el liderazgo en los que sí estarán con usted el resto de su vida, en los que us-

Instale en casa
su propio
laboratorio de
liderazgo.

ted anhela con toda su alma que triunfen que son sus hijos. El contraste es que si les enseña a sus hijos lo que aprende en este libro, indudablemente usted mejorará como líder porque tendrá su propio laboratorio en casa. Como bien señala William Glasser: "Usted aprende mejor enseñando que diciendo".

Lo sorprendente es que la mayoría de los padres no invierten mucho tiempo con sus hijos, no tienen mucho tiempo para ello y viven corriendo detrás de los colaboradores de su empresa, los cuales no pretenden dejar su vida en ella. Sólo quieren ganar un salario para vivir bien y punto.

Un buen número de hijos de conocidos y amigos cercanos me han confesado que no conocen con exactitud qué hace su padre en su trabajo. La mejor descripción que he escuchado es la de: "Mi papá es director de una compañía o es supervisor o encargado o gerente de tal área", pero no pueden explicar a detalle su actividad. En pocas palabras, todo apunta que los padres no disponen de tiempo suficiente para desarrollar a los líderes potenciales que tienen en su hogar, pero sí lo tienen para desarrollar el liderazgo de los colaboradores que trabajan para su empresa.

Resulta lamentable que muchos delegan la formación de sus hijos a la escuela, universidad, colegio o lugar de estudio. ¡Irónico, verdad! No nos damos el tiempo para fortalecer las habilidades de aquellos seres por los cuales trabajamos todo el día, siendo una responsabilidad que no se debe comisionar a las instituciones educativas.

De manera que si usted se compromete con este libro y con su contenido, necesitará trabajar afanosamente en ello y con ellos. Siéntese junto a sus hijos. Compártales el propósito que tiene con el contenido del libro. Quizá sus hijos se sorprenderán y se preguntarán: "¿Qué les está pasando a mis padres?". Pero no se preocupe, no se dé por vencido ante su primera reacción. No deje ir esta gran oportunidad. Tampoco se preocupe por la edad que tengan; haga el esfuerzo. Tome en cuenta que la profesión de padre y de madre es vitalicia, por lo que toda contribución al éxito de sus hijos será motivo de regocijo para usted.

Si decide no comprometerse en el desarrollo de su liderazgo, entonces le ruego que este libro se los obsequie a sus hijos como una demostración de su amor y anhelo que usted tiene porque sean muy exitosos en su vida. Sus hijos podrán aprender mucho leyendo este libro, no importando si ya no viven con usted o han formado su propia familia o usted ya es abuelo.

Considere que si usted enseña aprende y para enseñar tiene que comprender, y para comprender tiene que estudiar, y si estudia la información, se fija en su mente, y así sucesivamente irá construyendo su maestría en el tema. Sabemos que usted no es un maestro, un erudito en el tema. No necesita serlo: eduque hablando, conversando, dialogando; reflexione junto con ellos.

Lo que aprenderán en este libro tendrá mucho sentido común puesto en acción, aunque sabido es que en la vida el sentido común no es una práctica común, por lo que usted debe construir una rutina de enseñanza.

Con seguridad, mucho de lo que leerá ya lo habrá vivido, pero ahora lo verá en orden y con una secuencia pedagógica que va de menor complejidad a mayor complejidad de aplicación.

A lo largo de mi trayectoria enseñando liderazgo a ejecutivos, cuando explico el tema de liderazgo en general están de acuerdo con mis ideas y aprueban muchos de los conceptos que expongo, pero, curiosamente, cuando termino se retiran a su trabajo y continúan

haciendo lo mismo que hacían antes de escucharme ¡muchos no cambian! Al respecto, he confirmado con los años que el ser humano es más producto de la costumbre que de su inteligencia.

En efecto, somos más el resultado de nuestros hábitos que de nuestra sabiduría. Quizá encontrará la misma resistencia en sus hijos, pero se los debe ganar con el tiempo. Este proyecto de construcción del liderazgo requiere de todo su compromiso personal para ejercitar lo que le sugiero en cada capítulo.

Estoy convencido de que si usted enseña, las ideas éstas madurarán en su mente tal como lo afirma William Glasser. Al ejercitar el proceso de formación de sus hijos en el tema, aprenderá al mismo tiempo a construir comportamientos correctos en los demás, inclusive en sus colaboradores. El cambio personal que exige construir el liderazgo en sus hijos será tan grande que le permitirá a usted mismo transformarse como persona. En suma, usted será un mejor líder.

Lo anterior significa que, en la vida, la transformación de uno es la transformación de todos, ya que los cambios de conductas que necesita realizar en su persona para construir el liderazgo en sus hijos serán tan profundos que el cambio en uno será el cambio de todos aquellos que trabajen con usted. Es un efecto dominó que podrá aplicar en todos los órdenes de su vida profesional y personal.

Lo anterior significa que, en la vida, la transformación de uno es la transformación de todos, ya que los cambios de conductas que necesita realizar en su persona para construir el liderazgo en sus hijos serán tan profundos que el cambio en uno será el cambio de todos aquellos que trabajen con usted. Es un efecto dominó que podrá aplicar en todos los órdenes de su vida profesional y personal.

Por último, es necesario advertir que las enseñanzas contenidas en las siguientes páginas están dirigidas a padres y madres, al igual que a sus hijos sin distinción de género. Como sabemos, en virtud de su inteligencia y férrea voluntad las mujeres han conquistado espacios en el mundo del trabajo

y los negocios. Así, cada vez vemos a más mujeres profesionales dirigiendo con éxito equipos de trabajo, es decir, ejerciendo plenamente su liderazgo.

También es importante destacar que, a lo largo de la historia, las mujeres siempre han sido las principales forjadoras de los líderes. Al pasar más tiempo con sus hijos, a ellas siempre les ha correspondido la responsabilidad de formarlos, pero también por sus capacidades innatas, las madres de muchos de los grandes líderes de la historia pudieron dotar a sus hijos de las armas indispensables para enfrentar al mundo y conquistarlo.

En este contexto el presente libro les resultará muy valioso a las mujeres. A ellas y a sus hijos, trátese de niñas o niños.

CAPÍTULO UNO

¿Por qué desarrollar el liderazgo en sus hijos?

Descubrirá que la herencia más poderosa que puede dejarle a sus hijos es la construcción de la fuerza interior que los convertirá en líderes. Para lograrlo debe prepararse y transformarse en un coach de excelencia. Aquí se le proporcionan las herramientas.

El problema de ser padres es que, cuando adquirimos experiencia, ya no hay nadie en casa a quién educar.

WILLIAM FEATHER

LA MAYORÍA DE LOS JÓVENES desconocen sus habilidades como líderes. Más aún, muchos de ellos son líderes y no lo saben. Entonces, la pregunta es ¿cómo podrán construir un liderazgo con conocimiento de causa si desconocen que lo tienen? Los jóvenes no conocen sus condiciones naturales y sus habilidades innatas de líderes. Las aplican diariamente sin tener conciencia de ello. La mayoría de ellos no saben qué significa ser líderes de otros, actúan intuitivamente.

Empero, la percepción de su perfil potencial de líderes la identificamos nosotros, como padres, a

través de la observación de sus comportamientos, aunque la mayoría de los hijos no reciben una retroalimentación de sus padres sobre cómo ser líderes o no cuentan con una ayuda pertinente para descubrir las habilidades naturales que tienen como líderes. Los padres no son sus *coach*, restringen su rol a ser proveedores de bienestar, educación y afecto, pero en ningún momento están siendo constructores de líderes. La pregunta ahora sería: ¿Por qué necesitamos desarrollar el liderazgo de nuestros hijos?

> "Somos nosotros quienes debemos identificar las habilidades innatas de los niños".

La realidad es que vivimos en un mundo cada día más peligroso, con mayores amenazas e incertidumbres futuras, tanto económicas y sociales como políticas y ecológicas. Si los niños y jóvenes en la actualidad no se transforman en líderes, ¿qué sucederá con el mundo, con nuestra sociedad, con nuestras comunidades y con la vida de nuestros hijos? Los líderes de hoy resuelven parcialmente los problemas presentes, pero la complejidad del futuro requiere personas de carácter, capaces de enfrentar los retos de nuestra sociedad.

Hay un dicho que dice: "Un padre vale más que cien maestros". Y es verdad. En manos de los padres se encuentra el destino de los hijos y, por tanto, el destino de las naciones, razón por la cual, ser padres constituye una misión sagrada. Debe ser motivo de reflexión el hecho de que el mundo que ellos construyan, su visión del mañana, su compromiso con la vida, su personalidad dependerá en gran parte, de cómo nos ven a nosotros como padres y del ejemplo que les demos.

En consecuencia, debemos preparar una nueva generación capaz de encarar problemas cada día más complejos y, tal vez, más difíciles de los que usted ha experimentado en su propia vida.

Se preguntará, ¿pero cómo hacerlo cuando la juventud parece cada día menos preparada para afrontar estos retos? Cuando, lamentablemente, su actitud se remite a disfrutar el día de hoy sin asumir ningún compromiso con la sociedad en la que están creciendo y en donde pareciera que el hedonismo y la gratificación instantánea marcan las reglas del juego ocultando la dimensión futura de su vida y del entorno donde viven.

Lo increíble resulta que cuando las nuevas generaciones, contando con más recursos para construir su carácter como líderes, viviendo en una sociedad más tecnificada e informada que la de sus padres y teniendo a su disposición una enorme comunicación global que no existía en generaciones pasadas, no saben cómo llevar a cabo un cambio cualitativo que les permita tomar decisiones más inteligentes.

Por lo que sigue, este libro le permitirá aprender cómo construir el carácter de un líder. Descubrirá cómo ser un verdadero entrenador de la mente de sus hijos. Asumirá el papel de *coach* en la vida de sus hijos. Pero que quede claro que el entrenamiento para el liderazgo de sus hijos comienza en casa, no en la escuela. No se engañe, esa es la responsabilidad que emana por el hecho de ser padres: se posee sobre ellos un poder de influencia y persuasión como ninguna otra persona en la tierra puede tenerlo. Los padres somos los líderes naturales de sus vidas. La vida misma nos da esa oportunidad por nuestra sola condición de ser padres. Nosotros somos los guías, somos los rectores de las conductas de la próxima generación. Somos los *coach* del destino de nuestros hijos.

Nadie puede hacer el trabajo por usted y aunque tengan cerca a muchos entrenadores para ser líderes, como sus maestros, parientes, amigos y comunidad donde se desenvuelvan, y que no obstante serán una influencia en su personalidad, nunca será suficiente. El poder de mayor influencia en la vida de un niño esta en sus padres y ese entrenamiento los marcará para toda la vida.

La responsabilidad de formar líderes es suya y no puede delegarla o excusarse retóricamente aludiendo que no sabe cómo hacerlo, que no ha sido educado para ello o que es responsabilidad del colegio que paga con tanto sacrificio o que usted no tiene los conocimientos para asumir ese rol. Asumir esta responsabilidad como entrenadores, permite a nuestros hijos sentir la fe y esperanza que tenemos en ellos (y el nivel de confianza en nuestra orientación).

La confianza es, en esencia, el sustento de su autoestima y de su seguridad personal. Es la pieza fundamental para su liderazgo. El entrenamiento de las conductas de liderazgo debe ejercitarse en etapas tempranas de la vida para que surjan luego como conducta natural, como un reflejo espontáneo de su forma de ser y para que no se sufran las consecuencias de conductas mal cimentadas en su niñez.

Hay que tener presente que el entrenamiento que todo padre debe dar para transformar a sus hijos en líderes, de preferencia tiene que llevarse a cabo durante sus primeros años de vida para que fijen las conductas profundas de liderazgo. Forjar la conducta de líder, y no de un seguidor, en su hijo, marcará la magnitud de los resultados en su vida no importando su profesión. La conducta de líder lo transformará en una persona proactiva, con un gran nivel de iniciativa, pero más aún, lo hará responsable de sus propias decisiones. Podrá tomar las riendas de su vida en todo lo que emprenda. Sentirá el control de sus actos. Pero esto se aprende y debemos enseñárselos.

Su propia transformación será la clave

*Para dirigir y controlar a los demás, prime-
ro, debemos aprender a dirigirnos y controlarnos
nosotros mismos.*

WILLIAM J. BOETCKER

SI USTED SE DECIDE a ser un buen *coach* de sus
hijos, experimentará la transformación paulatina-
mente hacia el liderazgo. La transformación de su
hijo/a es, en sí misma, su propia transformación,
ya que no es posible dar a los demás lo que uno no
tiene. De tal modo que su crecimiento como líder
estará condicionado por la evolución misma del
liderazgo de su hijo/a.

Dicha aseveración se fundamenta en el principio que sostiene que para
poder influir en los demás
primero debemos aprender
a influir en nosotros mismos.

No es posible que yo sea
un obstinado y aferrado a
mis ideas y luego solicitar a
los demás que me escuchen
y que me comprendan. No
es posible que pida com-
promiso y responsabilidad

cuando como padre o madre no cumplo con las mismas condiciones que exijo. En otras palabras, la necesidad de dirigirse a usted mismo precede la capacidad de dirigir a otros. Este principio regula todos los órdenes de la vida y para el liderazgo es fundamental comprenderlo.

Insisto, no puede esperar a que sus hijos sean líderes si usted no es capaz de dirigir su propia vida. Desde esta perspectiva, su liderazgo será superior y será un mejor ser humano si logra influir en ellos a partir del cambio de sus viejos paradigmas.

Por estos motivos, será prioritario que trabaje con sus hijos en la cimentación de intereses de vida más profundos.

No olvide que, en su Empresa, la relación con su gente es una relación de intereses. Ellos se dejan influir y acatan muchas indicaciones por que tienen necesidad de permanecer y hacer carrera, no por otra razón, mientras que con sus hijos el paradigma será otro muy distinto.

Como expresé anteriormente, el proceso para potenciar el liderazgo en sus hijos requerirá un cambio profundo en usted. La tarea será histórica, terapéutica, trascendente y consolidadora de su vida en esta tierra, ya que habrá sembrado en ellos las semillas para transformarlos en seres superiores.

El reto de transformar a los jóvenes en personas extraordinarias

En primer lugar, para esta gran tarea, los padres deben observar cuatro habilidades básicas para que puedan influir en las conductas de sus hijos y transformarlos en líderes:

Primero, comprender sus motivaciones.

Debe tomar tiempo para comprender qué le apasiona a su hijo, qué le gusta, qué lo motiva. Si usted identifica su pasión podrá construir la fuerza que emana de su motivación interna y desarrollará

> Será el mejor coach de sus hijos poniendo en práctica las enseñanzas de este libro.

su liderazgo. Por ejemplo, si el deporte es su motivación deberá construir a partir de ello; si la lectura es su pasión deberá partir de esa premisa para forjar su carácter.

Segundo, comprenderlos.

Deberá tomarse el tiempo para comprender los retos a los que se enfrenta su hijo diariamente. Con ello podrá sintetizar las lecciones de liderazgo que necesita aprender para construir su carácter, para que pueda resolver los problemas cotidianos y para que su hijo no sea una víctima en la vida. Construirá la constancia y la fuerza para que nunca se dé por vencido.

Tercero, enseñar el liderazgo con valores.

Como padre deberá inducirlo a observar ejemplos de liderazgo positivo y liderazgo negativo comunes de la vida cotidiana. Tanto en la televisión o en eventos de grupo, sociales, políticos o deportivos se presentan diversas propuestas y múltiples funciones sobre la estructura de valores no siempre adecuadas, por lo que desde etapas muy tempranas, se sugiere que dicha estructura se implante con claridad, ya que esto guiará su conducta por el resto de su vida.

Cuarto, ser un buen coach.

Los *coach* ayudan a las personas a construir las conductas necesarias para cumplir con los objetivos. Ya sea en el deporte, en su empresa o con sus hijos. Los *coach* favorecen en las personas las habilidades necesarias para cumplir con sus metas. Un buen *coach* se esfuerza por comprender el pensamiento de la gente para ayudarlos en su cambio de actitud y mejorar su comportamiento para el logro de sus objetivos. En otros términos, para construir a un líder deberá aprender a guiar. Deberá actuar como un espejo, de tal forma que puedan verse a sí mismos y a sus habilidades como líderes. Jóvenes que demuestran poca confianza en sí mismos asumen el reto de cambiar cuando alguien les dice: "¡Tú tienes talento! ¡Creo en ti! ¡Veo tus cualidades como líder! ¡Tú puedes!".

Piense siempre que de todas las influencias que puede tener un hijo, la que mayor impacto tiene en su vida es la de sus padres. Nada se le iguala, nada se le compara. ¿Cuántos líderes de este mundo han expresado que las lecciones que aprendió en la vida, y que lo transformaron en lo que hoy es, se dieron en el seno de la familia, por su padre, por su madre o por un pariente muy cercano que marcó su destino en la vida?

La escuela es sólo un recurso que les provee del marco teórico y cultural, lo cual a pesar de ser un aspecto fundamental, no es suficiente para su formación como líder.

Estoy convencido de que si usted se transforma en un buen *coach* podrá transformar comportamientos comunes en conductas extraordinarias de liderazgo. Aun si su hijo tiene perfil de líder natural, el contenido de este libro podrá encauzarlo a que desarrolle mejores hábitos de conducta y para que sea todavía mejor. Recuerde que lo principal que puede desarrollar en sus hijos, a través del estudio, la reflexión y la práctica, es el liderazgo personal. El liderazgo será la herramienta más importante que le podamos dejar como legado para que tenga éxito en la vida. Haber construido su fuerza interior será la herencia más poderosa que pueda ofrecerle. No permita que factores externos construyan su personalidad y determinen sus valores, porque se tornará vulnerable a los dolores y a los retos de la vida. La fuerza interior será el principio de liderazgo que forje su carácter en la vida.

CAPÍTULO DOS

Antes de empezar, conozca a su hijo

Se le ofrecen los instrumentos técnicos para conocer realmente cómo son sus hijos y con ello estará capacitado para iniciar su entrenamiento y conseguir la meta: transformarlos en líderes.

Cuando nuestra mente descubre una
nueva dimensión, nunca regresará a su
estado original.
Oliver Wendell Holmes

Antes de iniciar el entrenamiento en liderazgo de sus hijos, es necesario que conozca quiénes son, qué talentos tienen. El conocimiento previo de sus talentos le ayudará a enseñar con la seguridad de que están aprendiendo lo que usted procura construir en su personalidad.

Al respecto, existen muchos estudios para conocer a las personas. En este caso he querido utilizar tres diagnósticos que permitirán que usted tenga una mejor efectividad cuando trabaje con su hijo. Para enseñar debemos, en un inicio, conocer la mente de la persona que va a recibir el entrenamiento, asimismo es necesario que usted tenga muy claras tres grandes líneas de información sobre su hijo/a:

Primero: saber cómo aprende
Segundo: conocer cuál es su tipo de inteligencia
Tercero: identifcar qué actitudes de líder necesita desarollar

Cómo aprende

Su liderazgo   Su inteligencia

Saber cómo aprende

Le permitirá identificar cuál es la forma natural con la que su hijo aprende. Con ello, podrá garantizar que la información producirá más efecto en sus conductas.

Si logra enseñar de la forma que a sus hijos les gusta aprender, todo será más fácil para usted y para ellos y reducirá sustancialmente las resistencias naturales de los jóvenes para recibir consejos u orientaciones. Eliminará el aburrimiento e incrementará su interés por conocer más acerca de lo que usted tiene que compartirles.

Los pedagogos han identificado tres formas básicas de aprendizaje en los niños y jóvenes en las escuelas y universidades. Estas formas de aprendizaje pueden ser:

Aprendizaje VISUAL: Aprende más con imágenes visuales y detalles de la información.
Aprendizaje AUDITIVO: Aprende más con mensajes verbales e interpretaciones.
Aprendizaje CINESTÉSICO: Aprende más haciendo cosas.

> "Conocer los talentos de sus hijos es el primer paso para desarrollarlos como líderes".

El objetivo es que usted identifique cómo aprenden sus hijos para que aplique los consejos que le daré y tenga mayor éxito con ellos. En el capítulo 3 podrá hacer el diagnóstico de su hijo/a.

Conocer cuál es su tipo de inteligencia

Estudios realizados por el Dr. Howard Gardner, profesor del pensamiento cognoscitivo de la Universidad de Harvard, descubrió que existen ocho tipos de inteligencias diferentes en las personas. Con su teoría destruyó el viejo mito de que los que eran buenos en matemáticas eran más inteligentes y los que no entendían las ciencias exactas tenían un nivel de inteligencia menor. Con este descubrimiento revolucionó la forma de enseñar y la falsa premisa de que para tener habilidades artísticas o deportivas no se requería inteligencia.

Las ocho inteligencias descubiertas por Gardner le permitirán identificar la fortaleza de su hijo/a y qué tipo de preferencias tiene en términos de carreras, profesiones y futuras actividades que podrá desempeñar con mayor facilidad. El futuro profesional de su hijo/a está condicionado por su destreza natural, es decir, innata con la que su hijo se identifica mayormente. Podrá observar que puede tener más de una de ellas o una combinación de algunas.

Las ocho inteligencias descubiertas por Gardner son las siguientes:

1. LINGÜÍSTICA VERBAL: En ella se encuentran los Escritores, Maestros, Abogados, Políticos.
2. LÓGICO/MATEMÁTICA: En ella se encuentran los Ingenieros, Científicos, Programadores, Investigadores, Contadores, Economistas.

3. ESPACIAL/VISUAL:
   En ella se encuentran los
   Arquitectos, Diseñadores,
   Cineastas, Fotógrafos,
   Artistas, Futbolistas.

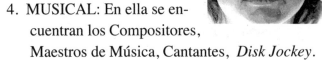

4. MUSICAL: En ella se encuentran los Compositores,
   Maestros de Música, Cantantes, *Disk Jockey*.

5. FÍSICA/CORPORAL: En ella se encuentran los Trabajadores
   Manuales, Mecánicos, Actores, Constructores de Objetos,
   Deportistas.

6. ECOLOGISTA/NATURISTA: En ella se encuentran los Bió-
   logos, Geólogos, Alpinistas, Meteorólogos, Exploradores.

7. INTRAPERSONAL: Esta es esencial para lograr el éxito en
   cualquier carrera, ya que hace énfasis en el conocimiento de
   sí mismo.

8. INTERPERSONAL: En ella se encuentran los Psicólogos,
   Relacionistas Públicos, Vendedores, Negociadores.

Nota: En el capítulo 4 podrá hacer el diagnóstico de su hijo/a.

Identificar qué actitudes de líder necesita desarrollar su hijo/a.

Para descubrir las habilidades naturales de líder será necesario que usted conozca las conductas que más destacan en los líderes reconocidos, según estudios realizados en aquellas personas que han dirigido el destino del mundo en todos los ámbitos, ya sea político, social, cultural o económico.

> "Al aplicar los diagnósticos sabrá cómo aprenden sus hijos, su tipo de inteligencia y sus actitudes que debe potenciar".

Son ocho las conductas que deberán ser desarrolladas. Cuatro de ellas construirán su **Fortaleza Personal** y las otras cuatro su **Habilidad Interpersonal**. A través de un diagnóstico que le presentaremos, podrá conocer las actitudes que debe identificar y construir en sus hijos a partir de estas ocho conductas rectoras del liderazgo:

Fortaleza Personal
1. Carácter
2. Iniciativa
3. Visionario
4. Asumir riesgos

Habilidad Interpersonal
5. Comunicación
6. Trabajo en equipo
7. Ejecución
8. Riqueza

Nota: En el capítulo 5 podrá hacer el diagnóstico de su hijo/a.

Cabe señalar que una vez resueltos los tres diagnósticos anteriores, usted tendrá la clave para identificar las tres grandes líneas de conocimiento de sus hijos: cómo aprende, cuál es el tipo de inteligencia que en ellos predomina y cuáles son los comportamientos que como líder debe desarrollar.

CAPÍTULO TRES

Para enseñar, ¿sabe cómo aprende su hijo?

"Se le entregarán las herramientas educativas para saber cómo aprenden las personas a través de diversos canales que les son naturales. Podrá aplicar esta información para enseñar a sus hijos con la certeza de que realmente aprenderán".

> *En el proceso de ayudar a otros a crecer,*
> *el constructor se construye a sí mismo.*
>
> CARL ROGERS

LOS EDUCADORES SE HAN CONCENTRADO en identificar cómo aprenden las personas. En los años setenta, en la Universidad de St. John de Nueva York, encontraron que las personas aprenden de distinta manera. Han descubierto que los seres humanos aprendemos a través de tres canales: VISUAL, AUDITIVO y CINESTÉSICO. Por tal razón, su éxito como *coach* de sus hijos dependerá de que comprenda cuál es el estilo de aprendizaje que ellos tienen. Con algunos un método será el más indicado y con otros será una pérdida de tiempo.

En este sentido, el propósito de mi libro no es que usted se convierta en un experto en el tema, sólo pretendo que identifique el canal más adecuado para enseñarles a sus hijos las habilidades del liderazgo. Le aconsejo que ponga atención en el patrón de aprendizaje que su hijo/a posee.

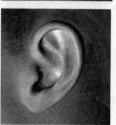

A continuación le presento una lista de conductas que le permitirán encontrar dicho patrón.

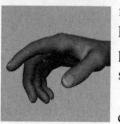

No espere que su hijo se identifique con todos los parámetros ni se preocupe si no se ajusta a todos los descriptores; oriéntese por las tendencias generales y no por los detalles de cada situación.

Si su hijo/a usa el canal cinestésico

- ☐ Aprende a través de objetos y situaciones físicas.
- ☐ Disfruta de competencias deportivas.
- ☐ Hace las cosas ordenadamente.
- ☐ Describe las cosas sin dificultad.
- ☐ Se siente alerta cuando hace cosas y usa sus manos.
- ☐ Organiza las cosas en varias opciones.

Si su hijo/a usa el canal auditivo

- ☐ Aprende cuando escucha.
- ☐ Se siente cómodo cuando habla ante la gente.
- ☐ Utiliza un vocabulario adecuado.
- ☐ Se siente alerta cuando habla.
- ☐ Analiza con más facilidad al hablar de algo.
- ☐ Suele dialogar internamente.

Si su hijo/a usa el canal visual

- ☐ Aprende cuando ve las cosas.
- ☐ Se siente cómodo al escribir.
- ☐ Se organiza escribiendo, haciendo listas ordenadas.
- ☐ Esta pendiente de detalles visuales.
- ☐ Se siente alerta cuando escribe acerca de algo.

Para una mayor certeza en los resultados, le aconsejo que comparta esta lista con sus hijos y que ellos le ayuden a identificar sus preferencias. También será enriquecedor que usted mismo identifique cómo aprende. De esta manera será más eficiente el enseñar: nos sentimos más cómodos enseñando de la misma forma que

> "Para enseñarlos, debe utilizar el canal apropiado de aprendizaje que poseen de manera natural".

aprendemos. Pero si no adapta sus habilidades para enseñar a través del canal adecuado de su hijo/a experimentará la resistencia natural de ellos en aprender por medio de sus consejos. Su reto será utilizar el medio que fácilmente se incorpore en la mente de ellos, para que así su influencia sea productiva.

Cómo aprenden los ejecutivos en las organizaciones

En las organizaciones es común experimentar el problema de las formas de aprendizaje. ¿Le habrá sucedido, en alguna ocasión, entregar un proyecto y no recibir respuesta a pesar de que usted escribió y resaltó con rojo en el documento que quería un comentario para el próximo lunes?

La falta de respuesta, generalmente, surge de la deficiencia del canal que utilizamos para influir en la conducta de la otra persona. Si el documento se componía de muchas páginas y se encontraba repleto de información y la persona es AUDITIVA, resulta lógico suponer que le tomará mucho tiempo analizar a detalle ese documento, pues para ese tipo de personas es mejor explicarles verbalmente el documento. Para este tipo de personas, puede ser útil enviarle un resumen, no todo, y luego pedirles su opinión.

Hace algunos años asesoré a un director de un importante banco. Mi contrato consistía en realizar una serie de investigaciones en algunos departamentos. Cuando finalicé la primera etapa, envié un correo al director para solicitarle una junta para comentar lo que había encontrado. Pasaron varias semanas y el director estaba tan ocupado que no podía darme una fecha de reunión. Luego de mi insistencia, su asistente personal, me dijo: "Le aconsejo le envíe la información por escrito, ya que le gusta leer todo lo que recibe y seguramente le responderá". Así lo hice. Tres días más tarde el director me dio una cita para discutir del tema.

No cabía duda que me encontraba ante una persona VISUAL, a la cual le gustaba leer y analizar los detalles. Estas personas ponen en segundo plano el escuchar a la gente.

En una organización, si usted quiere influir en su jefe o en sus colaboradores es necesario saber cuál es su forma de aprendizaje:

Si es VISUAL, le aconsejo presentarle la información por escrito y con detalles numéricos. Él, predominantemente, lee.

Si es AUDITIVO, envíele la información con imágenes, acompañada de un buen resumen. Él, predominantemente, escucha.

Si es CINESTÉSICO, le aconsejo le exponga los documentos con evidencias que comprueben lo que dice, no sólo con números o imágenes. A él le gusta, predominantemente, hacer.

Los ejecutivos VISUALES leen los documentos detalladamente y cuando discuten del tema dicen: "En la página cinco, en el inciso tres, apéndice B, debemos cambiar la información, o no me gusta el contenido o no estoy de acuerdo".

Los ejecutivos AUDITIVOS leen el documento, luego llaman a una junta y dicen: "Lo he llamado para que me comente acerca del documento que me envió. Ya lo leí, pero explíquemelo por favor". Es decir, quiere escuchar sus comentarios. Los auditivos aprenden escuchando.

Los ejecutivos CINESTÉSICOS leen el documento, pero prefieren ir directamente al área y verificar que lo que se dijo funciona de esa forma. Aprenden experimentando, haciendo, buscando evidencias físicas de las cosas. Son buenos haciendo ellos mismos las cosas. Recuerde, son activos físicamente.

Por ejemplo, si dos personas van a un concierto de música clásica y uno de ellos es AUDITIVO, seguramente hará algún comentario del tipo: "Me encantó escuchar esta bella música. Parecía como si me hubiese transportado, me emocionó mucho. Cerré los ojos para disfrutar mejor la música. Fue un deleite". Pero si la otra persona es VISUAL, con seguridad algunos de sus comentarios serán: "Me gustó mucho el primer violín. Sus entradas fueron muy precisas, es un gran violinista, tiene una coordinación perfecta y el director es magnífico". Es decir, hacen comentarios diferentes de un mismo evento, ya que cada uno selecciona de forma diferente la información y la interpreta de forma distinta de acuerdo con sus preferencias de aprendizaje.

Los típicos AUDITIVOS, encienden la televisión en su casa y van al baño a afeitarse. Si su esposa es VISUAL, lo primero que le recriminará será: "No entiendo para que enciendes el televisor si no lo ves. Usted puede responder: "Es que la estoy escuchando". Los AUDITIVOS ¡escuchan! pero su esposa como es VISUAL contestará: "El televisor es para ver no para escuchar, por eso se llama televisión". ¡Lógica pura de los VISUALES!

Con esto espero haya quedado clara la importancia y la trascendencia que tiene que usted identifique su preferencia de aprendizaje y la de sus hijos.

✓ Evaluación de mi hijo/a

☐ AUDITIVO
☐ VISUAL
☐ CINESTÉSICO

Qué haré para enseñarle y para influir en sus conductas, ya que descubrí que aprende mejor si yo:

_____

_____

_____

_____

CAPÍTULO CUATRO

¿Qué tipo de inteligencia predomina en mi hijo/a?

"Sobre la inteligencia no sólo se ha debatido mucho, pero la explicación más sólida no habla de una sola inteligencia sino de "inteligencias múltiples". Aquí se ofrece la información sobre ellas, que un experto ha identificado como 8 distintas. Con estos datos debidamente procesados, podrá saber de qué tipo son las inteligencias de sus hijos y actuar en consecuencia".

Todo lo que somos es resultado
de nuestros pensamientos.

BUDA

HOWARD GARDNER, AUTOR de la teoría de las inteligencias múltiples, no observa la inteligencia como una unidad que alberga diferentes capacidades. Por el contrario, Gardner las observa independientes y distintas entre sí. Asimismo, define la inteligencia como: "La capacidad de resolver problemas, generar como un conjunto de inteligencias nuevos planteamientos o crear soluciones superiores" y al definirla como una capacidad, la convierte en una destreza que se puede desarrollar, aunque no niega la existencia de componentes genéticos.

Gardner llegó a la conclusión de que existen ocho tipos de inteligencias, en mayor o en menor grado, en las personas, siendo todas importantes. Tal descubrimiento nos permite ayudar a nuestros hijos a desarrollar las inteligencias que más los distinguen, para que así construyan su vida alrededor de ellas. A continuación, lo invito a que conteste el siguiente cuestionario de Inteligencias Múltiples.

Inventario de inteligencias múltiples

Marque con una "X" las aseveraciones que identifique según cada caso y, al final, sume el número de marcaciones identificadas:

Inteligencia lingüística

☐ 1. Le gusta escribir.
☐ 2. Le gusta mucho leer.
☐ 3. Le gusta ver los anuncios de la calle.
☐ 4. Le gusta escuchar la radio.
☐ 5. Le gusta armar rompecabezas.
☐ 6. Le gusta enseñar a otros.
☐ 7. Le gusta escribir cartas.
☐ 8. Le gusta escuchar música.
☐ 9. Le gusta escribir y leer en clase.
☐ 10. Le gusta escribir cuentos.
_____ **TOTAL**

> "Ayudemos a nuestros hijos a desarrollar las inteligencias que más los distinguen."

Inteligencia musical

☐ 1. Le gusta llevar el ritmo de la música.
☐ 2. Tiene buen oído para la música.
☐ 3. Puede identificar si alguien está desafinando cuando canta.
☐ 4. Tiene buena voz para el canto.
☐ 5. Disfruta las clases de música.
☐ 6. Tiene facilidad para tocar instrumentos.
☐ 7. Escucha música todo el tiempo.
☐ 8. Conoce la música de muchas canciones.
☐ 9. Disfruta cantar y escuchar música.

☐ 10. Se divierte mucho con la música

_____ **TOTAL**

Inteligencia matemática

☐ 1. Le gusta hacer las cosas correctamente.
☐ 2. Realiza con facilidad cálculos numéricos.
☐ 3. Le gusta jugar a las cartas.
☐ 4. Le gustan las clases de matemáticas.
☐ 5. Piensa lógicamente.
☐ 6. Le gustan los juegos de pensar.
☐ 7. Le llama la atención la ciencia.
☐ 8. Siempre calcula lo que va a hacer.
☐ 9. Le gustan los juegos en los que hay que resolver problemas.
☐ 10. Le gusta que las cosas salgan como pensaba.

_____ **TOTAL**

Inteligencia espacial

☐ 1. Presta mucha atención a los colores de su ropa.
☐ 2. Le gusta tomar fotografías.
☐ 3. Tiene facilidad para dibujar.
☐ 4. Le gusta leer revistas con muchas fotos.
☐ 5. Siempre lee libros que tengan dibujos e imágenes.
☐ 6. No se siente incómodo en lugares desconocidos.
☐ 7. Le gustan las clases en las que tenga que dibujar o pintar.
☐ 8. Le gusta armar rompecabezas.
☐ 9. Le gusta la geometría.
☐ 10. Disfruta de los deportes al aire libre.

_____ **TOTAL**

Inteligencia cinestésica

☐ 1. Le gusta salir a caminar.
☐ 2. Le gusta mucho bailar.

- [ ] 3. Siempre le han gustado los deportes.
- [ ] 4. Le gusta hacer trabajos manuales.
- [ ] 5. Le gusta hacer más que leer.
- [ ] 6. Siempre tiene que estar haciendo algo.
- [ ] 7. Le gustan los deportes al aire libre.
- [ ] 8. No puede estar quieto en una silla.
- [ ] 9. Le gustan las clases activas.
- [ ] 10. Tiene *hobbies* en los que interviene la actividad física.

_____ **TOTAL**

Inteligencia intrapersonal

- [ ] 1. Le gusta pensar y reflexionar.
- [ ] 2. Es un joven muy independiente.
- [ ] 3. Le gusta pensar las cosas.
- [ ] 4. Le gustan los juegos de pensar.
- [ ] 5. Le gustan las clases donde tenga que hacer cosas.
- [ ] 6. Es un joven de valores muy firmes.
- [ ] 7. Le gustan los *hobbies* en los que trabaje solo.
- [ ] 8. Le gustan actividades donde pueda actuar de forma independiente.
- [ ] 9. Le gusta estar tranquilo y en paz.
- [ ] 10. Es reflexivo, deductivo.

_____ **TOTAL**

Inteligencia interpersonal

- [ ] 1. Prefiere ir a fiestas que quedarse en casa.
- [ ] 2. Le gusta discutir los problemas.
- [ ] 3. Siempre resuelve los problemas con sus amigos.
- [ ] 4. Le gusta la vida social.
- [ ] 5. Le gusta tener muchos amigos.
- [ ] 6. Tiene mucha iniciativa.
- [ ] 7. Le gusta decir a otros qué hacer.
- [ ] 8. Tiene a más de un amigo.
- [ ] 9. Se divierte mucho con sus amigos.

☐ 10. Le gusta discutir con sus amigos.

_____ **TOTAL**

Inteligencia ecológica

☐ 1. Le gustan mucho los pájaros.
☐ 2. Puede distinguir con facilidad tipos de plantas.
☐ 3. Le gusta estar en el jardín.
☐ 4. Le gustan mucho las mascotas.
☐ 5. Se preocupa por la naturaleza.
☐ 6. Le gusta analizar las nubes del cielo.
☐ 7. Reconoce fácilmente las semillas de plantas.
☐ 8. Le gusta ir al campo y disfrutar.
☐ 9. Le gusta aprender acerca del origen de las especies.
☐ 10. Le gusta plantar plantas o árboles.

_____ **TOTAL**

La cantidad de marcas que ha hecho en cada inteligencia le dará la tendencia de cómo aprende su hijo/a. Asimismo, identifique las inteligencias relevantes en su hijo/a. Acto seguido, le presento un cuadro con información sobre cada tipo de inteligencia para que relacione las calificaciones más elevadas con la descripción de la inteligencia predominante:

TIPOS DE INTELIGENCIA		
Inteligencia	**Capacidades**	**Estimulación**
Lingüística	Comprensión del significado de palabras y oraciones. Riqueza de vocabulario.	Leguaje verbal, leer, escribir ideas, pensamientos, poesía.
Matemática	Reconocimiento de patrones abstractos. Razonamiento inductivo. Encontrar relaciones. Ejecutar cálculos. Lenguaje simbólico. Solución de problemas con números.	Predicción, razonamiento inductivo, deductivo. Lenguaje simbólico. Ejecución de operaciones matemáticas. Desarrollo del pensamiento crítico.

Espacial	Imaginación activa. Orientación al espacio. Manipulación de imágenes. Relación de los objetos en el espacio y percepción de ángulos diferentes.	Imaginación de objetos y cosas fantásticas. Utilización de medios visuales, pinturas, cuadros. Utilización de mapas, dibujos, rompecabezas.
Musical	Apreciar la estructura musical. Sensibilidad a los sonidos. Reconocimiento, creación y reproducción de ritmos y melodías. Expresión de sentimientos a través de la música.	Se refuerza con los efectos de resonancia, vibración de la música y del ritmo en el cerebro, incluyendo la voz y los sonidos.
Cinestésica	Control de movimientos voluntarios y automáticos. Expansión de sentimientos por medio del cuerpo.	Se fortalece mediante el movimiento físico, deporte, danza, teatro mímica, ballet.
Intrapersonal	Concentración mental. Razonamientos y pensamientos abstractos. Conocimientos de los aspectos internos y conciencia de nuestros sentimientos. Procesos de pensamiento. Autorreflexión.	Control y utilización del conocimiento mediante procesos de pensamiento crítico y creativo. Habilidades para enfocar ejercicios mentales y autoconciencia.
Interpersonal	Capacidad para la comunicación afectiva, verbal. Sensibilidad a los estados de ánimo de otros. Empatía afectiva. Tolerancia.	Actividades que impliquen relaciones personales. Trabajo colectivo. Se inicia a partir de la relación con los padres. Aceptación de los que lo rodean.
Ecológica	Capacidad para reconocer plantas, minerales, animales. Identifica y clasifica especies.	Se estimula a través del contacto con la naturaleza.

Conclusiones

Considero que las inteligencias de mi hijo/a son:

_____

_____

_____

_____

Por lo que concluyo que sus habilidades son:

_____

_____

_____

_____

Las profesiones más afines a su tipo de inteligencia son:

_____

_____

_____

_____

_____

_____

_____

_____

_____

Si desea profundizar en el tema, le recomiendo leer el libro *Mentes líderes y mentes creativas* de Howard Gardner.

CAPÍTULO CINCO

Cómo identificar las conductas de líder en mi hijo/a

"Si optó por el compromiso de entrenar a sus hijos para el liderazgo, no considere en ningún momento sus debilidades. Olvídese de ello al aplicar este modelo, pues sólo importan las fortalezas que poseen para ser líderes. Para identificar las conductas esenciales que debe tener un líder, se le ofrece toda la información para tener un diagnóstico real y positivo".

No debemos tomar todas las decisiones
por nuestros hijos. Lo que sí debemos, es
enseñarles a tomar sus propias decisiones.

RICHARD EYRE

¿POR DÓNDE COMENZAR a construir su carácter de líder? Con seguridad se preguntará cuáles son las conductas que debe identificar en su hijo/a para observar su potencial como líder; al respecto, le presento lo siguiente.

Con frecuencia, algunos padres lamentablemente sólo identifican las conductas de antilíder que tienen sus hijos. La razón es que éstas son muy fáciles de identificar. Las conductas negativas que rechazamos en ellos tendemos a juzgarlas e intentamos, como buenos domadores, erradicarlas criticándolos y haciéndoles ver sus errores, mostrando las evidencias o reprochándoles sus comportamientos.

Sepa usted que mostrar evidencias de desviaciones no resuelve el problema. Por el contrario, sólo lo congelan y le generan más resentimiento, además de que estimula el rechazo de sus hijos al escuchar sus consejos.

Ante tales circunstancias, le sugiero no cultivar el liderazgo en sus hijos desde las perspectivas de sus debilidades. Construir el liderazgo desde este ángulo puede llevarle toda la vida y nunca alcanzarlo.

> "Para el liderazgo siempre debe prevalecer el talento sobre la debilidad y la inteligencia sobre el instinto".

Le aconsejo que construya el liderazgo desde sus atributos, desde sus habilidades, desde el ámbito en el que ejerce mejor sus talentos. Esta actitud le permitirá fortalecer con mayor facilidad sus condiciones naturales. Para sus hijos será más fácil robustecer su carácter a través de los atributos innatos que demuestren sus talentos e inteligencia que a partir de sus debilidades naturales.

Es indudable que deberá hacerles ver sus errores y vicios adquiridos, pero en el fondo deberá ser el talento natural el que logre cambiar sus debilidades poco a poco. Se trata del triunfo del camino del bien sobre el mal, del talento sobre la debilidad, de la inteligencia sobre el instinto sin control. Es un camino largo, pero muy efectivo. Por ello, le sugiero que identifique los elementos que demuestren su potencial de líder. Le aconsejo observar:

Carácter

1. Observe su nivel de autoestima.
Observe su nivel de seguridad ante las acciones que toma. Ante los desconocidos. Analice su entereza ante grupos o personas desconocidas. Si su autoimagen es sólida.

2. Observe su nivel de confianza.
Observe su seguridad en el decir, al comunicarse, al tomar la iniciativa en situaciones desconocidas. Si se siente seguro de lo que emprende.

3. Observe si cumple sus promesas.

Observe si cumple con lo que dice y hace, con lo que promete. Si es una persona en la que los demás confían, si es verdaderamente confiable y cumplidor.

Iniciativa

4. Observe su capacidad para resolver problemas.

Observe si soluciona problemas o espera que todo se lo resuelvan. Si los problemas lo agobian o lo estresan haciéndolo sentir inseguro o mantiene la calma ante ellos.

5. Observe su sentido del humor.

Observe su sentido de ver las cosas positivas de la vida. Si es positivo o tiene expectativas negativas del futuro o de los problemas.

6. Observe su actitud.

Observe si a pesar de las limitaciones del entorno aún tiene la actitud de que todo saldrá como lo desea. Si mantiene una actitud positiva ante las crisis. Si asume la responsabilidad que le toca ante los problemas sin buscar culpables.

Visionario

7. Observe su capacidad creativa.

Observe su nivel de solución de problemas aplicando la creatividad. Identifique su capacidad de salir adelante ante los problemas buscando muchas soluciones y no enfocándose en el problema o esperando a que alguien se lo resuelva.

8. Observe su pasión por lo que hace.

Observe su entusiasmo, su motivación. Si es una persona que se motiva por alcanzar lo que quiere. Si contagia con su forma de proceder o de hacer las cosas.

9. Observe su capacidad para planear.

Observe si se anticipa a las cosas. Si planea sus tareas, deportes, reuniones, etcétera. Si visualiza el futuro con claridad o siente inseguridad ante lo desconocido.

Asumir riesgos

10. Observe su nivel de valentía.

Observe si se arriesga al tomar decisiones o tiene temor de actuar por evitar lo qué dirán o por miedo a ser mal visto por otras personas.

11. Observe su actitud positiva.

Observe si siempre ve soluciones o se queja de los problemas o busca culpables de ello. Si se queja fácilmente de las cosas o piensa que se resolverán en algún momento. Si es positivo y cree que puede o la actitud negativa y el pesimismo lo invaden.

12. Observe si mantiene la calma en situaciones de tensión.

Observe si es una persona a la que la invade el pánico en momentos de presión. Si se mantiene frío ante la adversidad y no pierde el control.

Comunicación

13. Observe su valentía para hablar con firmeza.

Observe si muestra firmeza al externar sus opiniones. Los jóvenes que expresan con mayor libertad sus puntos de vistas ante otros tienen una ventaja en su liderazgo.

14. Observe su capacidad de comunicación.

Observe su habilidad para comunicar ideas. Si puede persuadir a otros para realizar una actividad y sabe vender sus ideas. Si influye en otros.

15. Observe su interés por escuchar y aprender.

Observe si pone atención, si hace preguntas sobre temas que se desarrollan. Si le interesa profundizar en los diálogos. Si demuestra curiosidad intelectual.

Trabajo en equipo

16. Observe su habilidad para relacionarse.

Observe su capacidad al estar rodeado de otras personas. Si es una persona solicitada por sus amigos. Si es una persona que puede comunicarse con otros y diseñar actividades con ellos. Si posee lo que actualmente se conoce como inteligencia emocional.

17. Observe su capacidad de incluir a los demás.

Observe si invita a otros a participar o es un solitario. Si participa en actividades y deportes colectivos. Si le gusta integrar a otros en sus proyectos, ideas o aventuras.

18. Observe su mentalidad de abundancia.

Observe su actitud integradora para que todos se beneficien. Analice su actitud de Ganar/Ganar. Observe si busca que todos triunfen junto con él. Identifique si tiene actitudes contrarias que lo lleven al egoísmo y a la búsqueda de beneficios personales. Si desconfía de todos.

> "El carácter del líder se construye a partir de los atributos, aunque sean pocos; por este camino las conductas negativas desaparecerán poco a poco".

Ejecución

19. Observe su constancia.

Observe su capacidad para perseverar en lo que hace. Si termina todo lo que hace. Si es de las personas que cuando algo sale mal lo intenta nuevamente. Si es alguien que lucha por lo que quiere.

20. Observe si se da por vencido.

Observe su nivel de perseverancia, su obstinación porque las cosas sucedan. Los líderes pocas veces se dan por vencidos. Analice su nivel de determinación y persistencia, aun cuando las cosas se ponen difíciles. Si cumple con las fechas límites y compromisos contraídos.

21. Observe su fortaleza mental.

Observe si es capaz de mantener sus puntos de vista, sus opiniones, si sabe defender sus ideas o asume siempre las de otros y se deja influir. Si a pesar de las adversidades y los problemas continúa peleando por sus convicciones o se da por vencido fácilmente ante los obstáculos.

Riqueza

22. Observe si es trabajador.

Observe si toma los compromisos con seriedad y es capaz de invertir tiempo y esfuerzo para cumplir con sus tareas. Preste atención a si no abandona las tareas hasta que las termina.

23. Observe su actitud emprendedora.

Observe si tiene una actitud independiente, con iniciativa, capaz de resolver los problemas que se le presentan. Si le gusta ser emprendedor en todo lo que se compromete y evita ser dependiente de los demás para producir los resultados que desea.

24. Observe su interés por la riqueza.
Observe si es disciplinado en sus gastos. Si muestra una actitud positiva por el ahorro para luego adquirir lo que quiere. Si le interesa generar dinero para ahorrarlo y luego disfrutarlo en lo que más le motiva.

Construya su liderazgo a partir de sus virtudes y no de sus defectos

Estas son 24 conductas que le ayudarán a estar alerta por si descubre alguna de ellas en su hijo. Ningún joven tendrá todas las conductas, lo que importa es que pueda identificar aquellas que destaquen en él.

No se preocupe si son pocas o si sólo identifica alguna de ellas en su hijo: será suficiente para comenzar a descubrir sus atributos ocultos. Llevar a cabo este examen, le permitirá construir el liderazgo de sus hijos a partir de sus atributos.

Como mencioné anteriormente, evite construir el carácter de sus hijos comenzando a eliminar sólo sus conductas negativas, ya que le puede llevar toda la vida y no logrará mucho. Le reitero que construir el liderazgo desde la perspectiva de sus atributos fortalecerá sus talentos y poco a poco irán disminuyendo los aspectos que hoy observa como debilidad o desviación.

✓ Diagnóstico

Evalúe del 1 al 5 las diferentes actitudes que observa en sus hijos para que pueda tener un panorama de aquellas conductas en las que debe enfocarse:

5 De acuerdo **4** Casi siempre **3** A veces **2** Casi nunca **1** Nunca

Evalué las conductas cotidianas y repetitivas que observa en su hijo/a. No lo evalúe *como debería ser*, sino *como es hoy,* en el día con día. Sea objetivo

Preguntas

I. Carácter
_____ 1. Es una persona segura de sí misma
_____ 2. Muestra seguridad ante otras personas
_____ 3. Su autoimagen es sólida
_____ 4. Cuando emprende algo lo hace con seguridad
_____ 5. Es una persona que cumple lo que promete
_____ 6. Sus amigos creen en él
_____ 7. Es un joven confiable por sus promesas
_____ **TOTAL**

II. Iniciativa
_____ 8. Es bueno para solucionar sus problemas
_____ 9. Mantiene la calma ante situaciones de estrés
_____ 10. Muestra una actitud retadora ante la vida
_____ 11. Toma la vida con buena actitud
_____ 12. No le angustia lo que pasa en su vida
_____ 13. Se hace responsable de lo que hace
_____ 14. Manifiesta una actitud ganadora ante la vida
_____ **TOTAL**

III. Visionario

_____ 15. Es una persona muy creativa

_____ 16. Siempre ve la forma de salir de sus problemas

_____ 17. Cuenta con una visión de futuro en la vida

_____ 18. Es una persona apasionada por todo lo que hace

_____ 19. Contagia a los demás con su forma de ser

_____ 20. Planea bien sus cosas

_____ 21. Expresa seguridad sobre su futuro

_____ **TOTAL**

IV. Asume riesgos

_____ 22. Le gusta asumir riesgos

_____ 23. Siempre advierte una solución a las cosas

_____ 24. Tiene una actitud positiva ante la vida

_____ 25. Siempre cree que puede hacer algo más

_____ 26. Es bastante calmado ante los problemas

_____ 27. Tiene mucho temple, no le intimidan los retos

_____ 28. No se ahoga en un vaso de agua

_____ **TOTAL**

V. Comunicación

_____ 29. Externa sus opiniones, no se intimida ante las personas

_____ 30. Expresa sus opiniones en público sin problemas

_____ 31. Tiene facilidad de palabra

_____ 32. Es bueno para persuadir a otros

_____ 33. Le interesa analizar y discutir temas

_____ 34. Es curioso y hace preguntas de todo

_____ 35. Es bueno para comunicar con palabras

_____ **TOTAL**

VI. Trabajo en equipo

_____ 36. Siempre está rodeado de amigos

_____ 37. Le gusta realizar actividades con otras personas

_____ 38. Es carismático con las personas

_____ 39. Involucra a otros en sus asuntos

_____ 40. Tiene facilidad para integrarse con otras personas

_____ 41. Le gusta compartir con otros

_____ 42. Ayuda a otros compañeros en lo que necesitan

_____ **TOTAL**

VII. Ejecución

_____ 43. Es perseverante en lo que hace

_____ 44. Le gusta concluir todo lo que hace

_____ 45. Es tesonero

_____ 46. Termina las cosas a tiempo

_____ 47. Sabe defender sus ideas

_____ 48. Nunca se da por vencido

_____ 49. Es una persona que no pospone las cosas

_____ **TOTAL**

VII. Riqueza

_____ 50. Posee una actitud emprendedora

_____ 51. Es muy trabajador

_____ 52. Ayuda a los demás sin que se lo pidan, se acomide

_____ 53. Se preocupa por ahorrar

_____ 54. Le interesan las actividades comerciales

_____ 55. Piensa en tener un negocio propio

_____ 56. Le gusta hablar del dinero

_____ **TOTAL**

Resultados

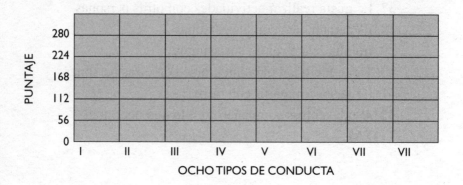

Grafique los resultados en cada uno de los ocho tipos de conductas. Para ello, marque la puntuación en cada uno de los ocho puntos que corresponden a los ocho dones del líder. Así, podrá ubicar las mejores y las peores conductas de su hijo/a.

Posteriormente, haga una lista de cada uno de los dones que tuvieron menos calificación. Es importante destacar que los que hayan tenido menor calificación (1 o 2) son en los que debe trabajar más para cultivar su liderazgo.

En lo sucesivo, estas conductas serán analizadas más adelante en cada uno de los capítulos dedicados a los ocho dones del liderazgo.

Las actitudes de liderazgo que debo desarrollar en mi hijo/a son:

_____

_____

_____

_____

_____

_____

_____

CAPÍTULO SEIS

Los ocho dones
del liderazgo

"Aprenderá a cultivar los dones de sus hijos partiendo de una acción básica: sembrar. Cosechará frutos excelentes si sabe sembrar las semillas adecuadas. Se revelan así los 8 dones esenciales del liderazgo, a los cuales corresponden semillas específicas que todos los seres humanos traen consigo desde su nacimiento".

Los verdaderos líderes son jóvenes
comunes con una extraordinaria
determinación.
JOHN REAMAN GARNS

¿Qué son los dones?

LOS DONES SON ATRIBUTOS naturales que poseemos
todos los seres humanos. Pueden ser desarrollados
y transformados en cualidades de nuestra personalidad, y por esa razón, el modelo de liderazgo que
necesita desarrollar en sus hijos está cimentando
en aquellos dones únicos e intrínsecos en la espe-
cie humana y que ningún otro ser goza en la tierra.
Dichos dones se encuentran a nuestra disposición
para que los desarrollemos.

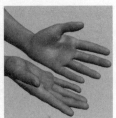

Son ocho los dones identificados en los seres
humanos, los cuales, si los sembramos con las semillas correctas, una vez desarrollados, serán los que
contribuirán en la construcción del liderazgo en sus
hijos.

Un antiguo refrán dice que somos lo que come-
mos; yo diría que somos los que pensamos. Si en la
vida cultivas semillas de duraznos obtendrás duraz-
neros; si cultivas semillas de sandía obtendrás san-
días, pero si cultivas en la mente de tus hijos semillas

de liderazgo obtendrás a un buen líder. Razón por la que no debe dejarse que el entorno, las amistades, los maestros, entre otros, influyan en el desarrollo de sus hijos, ya que está depositando en otros la oportunidad de ver aflorar los dones naturales que existen en ellos.

Dichos dones representan la tierra fértil donde ha de sembrar las ocho semillas de liderazgo en sus hijos. Evite que las semillas de la vida caigan en la piedra o se las lleve el viento, como bien dice nuestra Biblia. Por lo anterior, lo invito a que ponga la semilla en el terreno fértil de los dones inconscientes que todos podemos desarrollar. Estas cualidades innatas serán las que usted deberá potenciar en sus hijos.

Con los tres diagnósticos que realizó previamente, su labor será más certera porque reforzará las áreas de mayor talento que su hijo/a tiene. Son como su código genético con el que usted construirá su liderazgo.

Modelo de liderazgo

Como mencioné anteriormente, es necesario construir en su hijo la **Seguridad personal** para que pueda adquirir la madurez interior necesaria y lograr el dominio de sus **Habilidades interpersonales**. Esto le permitirá advertir valiosas y notables ventajas en la construcción del liderazgo de sus hijos.

1. Seguridad personal.

Le permitirá tener dominio de sí mismo. Actuar con madurez de carácter. El liderazgo se construye sobre una personalidad firme, segura y estable que le permitirá luego crecer en sus relaciones con los demás. No es posible madurar en las habilidades interpersonales si su esencia se encuentra débil y si se carece de la firmeza suficiente para enfrentar los momentos difíciles de la vida.

Ante tal situación, debemos orientar a los jóvenes para no confundir popularidad con liderazgo. Los jóvenes extrovertidos y con habilidad verbal tienden a aparentar un buen liderazgo, sin embargo, lo importante será su fortaleza interior para enfrentar las lecciones de la vida.

En este sentido, la **Seguridad Personal** será central para la construcción de una vida estable, posible sólo a partir de cultivar las Semillas de la Grandeza que todo niño trae consigo y que sólo nosotros, como padres, somos responsables de impulsar en su vida:

Ô **Semilla del CARÁCTER.**

Que se cultiva a través del Don de la Integridad.

Ô **Semilla de la INCIATIVA.**

Que se cultiva a través del Don de la Responsabilidad.

Ô **Semilla de la VISIÓN.**

Que se cultiva a través del Don de la Imaginación.

Ô **Semilla para ASUMIR RIESGOS.**

Que se cultiva a través del Don de la Acción.

2. Habilidad Interpersonal.

La seguridad personal se construye consolidando los cuatro grandes dones que tenemos los seres humanos. Pero necesitamos descubrir y potenciar las habilidades para relacionarnos con los demás y saber ejecutar los resultados.

En este sentido, la seguridad personal representa los cimientos para que un líder pueda tomar decisiones en grupo e integre los intereses individuales hacia un objetivo común, por lo cual deberá aprender a comunicarse, a relacionarse con grupos, a ejecutar las estrategias, a entregarse al servicio de un equipo de trabajo manteniendo el compromiso con los objetivos comunes.

Sin la seguridad personal, dejará de ser un líder para actuar sólo como jefe, ya que carecerá de las virtudes necesarias para mantener la madurez y la calma requeridas para enfrentar las grandes decisiones de su vida. Se le dificultará influir en las conductas de los demás. Intentará imponer en lugar de convencer. Antepondrá sus intereses personales sobre los intereses colectivos y tendrá una vida de altos y bajos porque vivirá una vida de lucha contra el medio, buscando ganar para que otros pierdan.

La inconsistencia de resultados será una constante en su vida y no alcanzará las metas más meritorias de su vida personal y profesional. Su debilidad interior lo hará agresivo ante la adversidad, autoritario, inclusive duro con los demás, al denotar una madurez interior pobre que le impedirá conseguir el balance idóneo entre los intereses personales de la gente y los intereses del grupo. De tal modo que la arrogancia será otro ingrediente adicional a la agresividad, pues los estudiosos de la conducta humana ponen énfasis en que no existe la arrogancia como tal, sino que se trata de una conducta escudo de su debilidad interior.

En suma, hay una relación directa entre las conductas defensivas de las personas y su falta de fortaleza interior. Siempre se sentirán agredidas, competidas, amenazadas y vulnerables ante los demás.

La **Habilidad Interpersonal**, por tanto requiere cultivar cuatro semillas desarrolladas a partir de cuatro dones naturales que le permitirán ser eficiente en sus relaciones con los demás y, a la vez, construir una personalidad madura para enfrentarse con el mundo exterior.

Las cuatro semillas necesarias para cultivar su relación con los demás y con el mundo exterior son:

Semilla de la COMUNICACIÓN.
Que germinan a través del Don de la Empatía.

Semilla del TRABAJO EN EQUIPO.
Que germina a través del Don de la Sinergia.

Semilla de la EJECUCIÓN.
Que germina a través del Don de la Disciplina.

Semilla de la RIQUEZA.
Que germina a través del Don de la Humildad.

Como puede observar, no es posible construir buenas relaciones interpersonales con una debilidad interior producto de la inmadurez personal. Por lo tanto, le aconsejo que tome el tiempo que sea necesario y no se apresure.

Tome su tiempo para construir la solidez interior de sus hijos, para que fortalezca su carácter de líder y, luego, para que pueda triunfar en sus relaciones con los demás. El proceso que le estoy sugiriendo está sustentado en un principio básico en la vida: comprender que existen cosas que anteceden a otras para lograr lo que uno quiere. Se trata de un principio de orden.

Para el liderazgo no es posible triunfar con los demás si primero no sabemos triunfar con nosotros mismos. Es un proceso que nace de adentro hacia fuera y no al revés. En suma, la madurez personal de su hijo/a antecede su capacidad de tener excelentes relaciones con los demás y tener una vida feliz y exitosa. Claro está que no se puede cosechar sin haber sembrado, como tampoco es posible crear sin contar con una imagen mental de lo que queremos crear antes. Como tampoco su hijo podrá ser líder de los demás si primero no es líder de sí mismo, de sus propias ideas, de su propia vida.

> "Nada sucede rápido y fácil. Sólo logras lo que te has determinado alcanzar... y continúas hasta lograrlo".

En los siguientes capítulos analizaremos las ocho Semillas del Liderazgo. Se dará cuenta que, en principio, deberá partir de la semilla con menor puntaje en la evaluación que hizo de su hijo/a para aspirar, luego, al balance de las ocho. De lograrlo, las posibilidades de que su hijo/a expanda su liderazgo serán enormes, ya que habrá obtenido las bases para triunfar como líder en su proyecto de vida.

Si desea profundizar en el tema, le sugiero leer el libro *Teach Your Child How to Think* de Edgard de Bono.

S E G U R I D A D   P E R S O N A L

La semilla del carácter

"El carácter le permitirá construir su integridad personal, la confianza en sí mismo y será el cimiento de su autoestima e imagen personal".

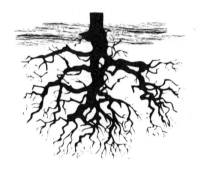

- Semilla del **CARÁCTER**

- Semilla de la **INCIATIVA**

- Semilla de la **VISIÓN**

- Semilla para **ASUMIR RIESGOS**

Sigue tus deseos y el universo te abrirá
las puertas de donde sólo existían muros.

JOSEPH CAMPBELL

EL CARÁCTER ES LA CALIDAD moral de una persona. Es una cualidad independiente de su inteligencia, de su personalidad o talentos. Puede definirse como la capacidad de hacer lo que es correcto, independientemente de la complejidad de la situación. Una persona con carácter es honesta, aun cuando hay poca confianza; realiza sus tareas y no deja las cosas inconclusas. Son personas honestas y cumplen con sus promesas. La cualidad más sobresaliente de una persona de carácter es su integridad personal.

La integridad personal representa el elemento central para que sus hijos construyan su autoestima,

ya que las personas congruentes entre lo que dicen y hacen, entre lo que prometen y cumplen, contagian a las personas un ánimo de confianza y credibilidad.

Lo anterior es importante porque los líderes con mayor influencia en un grupo tienen la virtud de prometer y cumplir. Sustentan su capacidad de crear confianza en las relaciones con los demás a partir de que sus conductas siempre son congruentes.

La historia de Gandhi nos revela a una persona de una sola pieza. Es decir, lo que pensaba, decía y hacía era lo mismo, por lo que en los jóvenes, es necesario cultivar esta conducta de integridad que les permita construir un ambiente de confianza y credibilidad entre sus amigos, pero, principalmente, la solidez de su carácter como persona.

Reflexione por un instante: ¿En qué creen más sus hijos, en lo que usted les dice o en lo que usted hace? Seguramente responderá que sus hijos creen más en los que usted hace. Y así es.

Sus actos demuestran sus valores, su compromiso con las personas. Sus actos demuestran su honestidad. Su credibilidad emana de la consistencia de sus conductas.

Podemos concluir que a los líderes no les creen por lo que dicen, les creen por lo que ven que hacen, de modo que su historia es la que determinará el nivel de credibilidad y solidez de carácter que tendrán sus hijos. Es su historia la que determinará la lealtad de su gente. El nivel de lealtad de la gente sobre un líder emana de su historia. La integridad es esencial para construir confianza y la confianza es esencial para el liderazgo. La gente sigue al líder cuando le tienen confianza.

De nada le sirve a un líder expresar mensajes de motivación o disculpas públicas para liberarse de los problemas que ha adquirido por su falta de integridad, así como no es posible liberarse de la incongruencia pidiendo perdón todo el tiempo.

No permita que sus hijos cometan actos por falta de integridad, con el objeto de lograr sus intereses personales. No permita que sus hijos actúen por encima del principio de integridad para

> "Cuando uno es congruente con los demás se crea una red de seguridad, porque las personas están listas para cooperar".

obtener, a corto plazo, beneficios personales, sin importar el impacto que tiene ello en su relación de largo plazo con sus amigos y compañeros.

El liderazgo de sus hijos sobre los demás depende de cuán comprometido esté con sus compañeros y con las promesas que decreta. Sus amigos necesitan creer en él. Necesitan que alguien soporte a los integrantes de su grupo.

La aceptación y respeto de sus hijos por sus compañeros emana de dicha integridad y de demostrar, en los momentos importantes, que están con ellos y los defienden. De ahí nace la confianza y credibilidad en su hijo. Si logra que su hijo sea congruente, él se conducirá con honestidad y hablará con la verdad. Sin honestidad y verdad, una persona no tiene carácter. Las conductas de líder en sus hijos se hacen evidentes cuando mantienen su palabra.

Si logramos comprender la trascendencia de cumplir nuestra palabra, su carácter, nuestro carácter, automáticamente, comenzará a ser visible. Sin respeto no podrá tener ni retener seguidores. Si comprende que buscar sólo sus propios intereses, elevándose a sí mismo y disminuyendo a los demás, comprenderá, al final, que dañará su propia reputación al demostrar tal nivel de egoísmo.

Dicho de otro modo, debe dirigir a sus hijos hacia conductas correctas, de tal forma que le permita tener un modelo de comportamiento que preserve la integridad cuando se enfrente a las tentaciones. Como dice un gran autor: "La medida del carácter real de una persona está determinada por aquello que hace honestamente sabiendo que jamás nadie lo sabrá".

La integridad se define en el silencio, no se promueve. Las acciones a través de las palabras consolidan. Ser consistente con sus valores: ser lo que dices y hacer lo que dices. Significa honrar lo que dices de tal forma que seamos confiables e incorruptibles y, ello, es lo que todo grupo anhela en un líder.

✐ Desarrolle la autoestima de sus hijos

La integridad, como vemos, se torna en la piedra angular para construir la solidez en las relaciones interpersonales. Si la gente confía y cree en la persona, entonces será seguido por ellos. Pero un factor fundamental a considerar es que construya en sus hijos la autoestima necesaria para que tengan fuerza de carácter. Su hijo/a necesita quererse, necesita aceptarse, necesita seguridad en sí mismo para transformarse en un ser congruente con los demás.

Si no es capaz de confiar en sí mismo, será difícil que pueda confiar en los demás y la incongruencia personal será su modelo de conducta.

La autoestima se logra y se mantiene siempre que observe en sí mismo qué es capaz de decir y hacer. Es decir, que puede comprometerse en algo y cumplirlo. Por tanto, necesita construir, en su autoimagen, la capacidad de cumplir con sus propias promesas.

Cuando un niño hace una promesa, cumple con ella y demuestra ser consistente, tal repetición de conducta le permite construir una imagen de confianza en su persona. A su vez, esta consistencia construye un nivel de dignidad y respeto que comienza a afianzarse en sí mismo consolidando su seguridad, por lo que su hijo/a necesitará creer que puede confiar en él mismo.

Evite que lleve a cabo actitudes y que utilice calificativos que deterioren su propia autoestima como: "Yo, siempre el mismo". "Siempre digo, pero nunca hago". "No sé si puedo cumplir porque nunca termino lo que inicio". "¡Qué tonto soy!", entre muchas otras expresiones.

Como padres, como guías de nuestros hijos, debemos recordar que la imagen que tengan de ellos mismos se ve mermada por su falta de credibilidad, en el hecho de que él puede prometerse cosas y cumplirlas.

Su hijo debe aprender, con el tiempo y su "asesoría", que cumple con sus horarios y sus

> "Si deseas gobernar a otros, primero debes dirigirte a ti mismo".

> "El precio de la grandeza es la responsabilidad".

fechas límite. Debe aprender que es capaz de cumplir con sus tareas a tiempo. Debe aprender que sus promesas y sus palabras son su fuerza, su imagen ante el mundo y ante otras personas.

Edúquelo para que cuando tenga que terminar una tarea, un proyecto, una actividad que usted o la escuela le encomiende, la termine a tiempo y bien hecha. No lo haga por él. El amor verdadero no es hacer las cosas por ellos. No es evitarle el esfuerzo que la vida misma exige para madurar. Es hacerle saber que es capaz de ser responsable de sus actos.

En otras palabras, se trata de hacerlo crecer a partir de no subestimar sus capacidades y de construir un profundo respeto hacia su persona. Siendo así, su hijo podrá mirarse al espejo y comprobar que confía en sí mismo y se acepta como tal. Comenzará a creer que hay seguridad cuando se promete algo. Que es una persona en la que se puede creer.

Comenzará a quererse y a sentirse bien como persona, ya que de entre todos los juicios y creencias, ninguno es más importante que aquél que forjamos sobre nosotros mismos.

Por lo anterior, será fundamental que si usted quiere que su hijo sea un buen líder se preocupe por qué piensa su hijo de sí mismo, ya que las creencias derivadas de esta práctica serán los factores más decisivos en la determinación del éxito de sus hijos y de su felicidad en la vida.

Para contar con un pronóstico sobre cómo sería su hijo en su edad adulta, valdría la pena formularse las siguientes preguntas, que permitirán evaluar la imagen que tiene su hijo/a de sí mismo:

¿Qué opinas de ti mismo? ¿Tienen sus hijos la certeza de que terminarán algo? ¿Se siente bien consigo mismo? ¿Se siente una persona inteligente? ¿Se siente apreciado, querido, aceptado? ¿Cumple con lo que dice?

Estas son algunas preguntas que debe hacerse y hacer de su conocimiento para saber lo que opinan. Al hacerlo, le permitirá tomar acciones de inmediato.

La clave del liderazgo se encuentra determinada por la visión que se tiene de uno mismo. Si usted trata a su hijo/a como una persona digna, segura de sí misma y con talento, con el tiempo terminará creyendo que lo es y lo terminará incorporando a su personalidad. En la medida en que vaya teniendo experiencias en su vida, irá interiorizando estos conceptos y madurando progresivamente.

> "La mejor forma de enseñarle a nuestro hijos la responsabilidad, es a través del ejemplo".

Cada día debe enseñarles nuevos comportamientos a sus hijos, para afianzar cada vez más su autoconfianza. Si su hijo no tiene la confianza, tendrá que trabajar en ello, no sólo tomar conciencia de ello. Debe tratar a sus hijos en el sentido del líder que usted quiere que sea, más aún, trátelos como si ya fueran lo que pueden llegar a ser, con ello impulsará su confianza.

En lugar de recordarle lo mal que juega, háblele y mírelo como si fuera un buen jugador, como si fuera un triunfador: "Eres un gran jugador, intenta nuevamente". "Nadie dijo que las matemáticas eran fáciles, pero haz un esfuerzo más; tú eres muy inteligente".

Lo importante aquí es que sus hijos se sientan seguros de sí mismos y para lograrlo debe hablarles como si hubieran alcanzado lo que quieren pero, sobre todo, que se den cuenta de que usted cree en ellos. No hay mayor seguridad que aquélla

que emana de la confianza en la persona que más los ama en la vida. Actúe como un verdadero *coach* de sus hijos y el liderazgo comenzará a surgir de sus conductas congruentes.

⊘ Conductas que afectan la autoestima en sus hijos

Algunas de las conductas más comunes que los padres ejercemos de manera inconsciente y que deterioran la autoestima de nuestros hijos son:

1. Decirles siempre que son niños irresponsables.
2. Reclamarles siempre que están haciendo las cosas mal.
3. Ponerles apodos que dañan su autoestima o su dignidad.
4. No valorar sus puntos de vista.
5. Tratar a sus hijos sin adecuarse a su edad.
6. Resolverles la vida y limitar su capacidad de ser responsables.
7. Criticar o hablar mal de sus hijos enfrente de ellos.
8. Decidir por ellos.
9. Manifestarle a sus hijos que no les tiene confianza.
10. No hablar con sus hijos de los problemas que tienen y sólo reclamarles.
11. Juzgarlos a cada momento.
12. Compararlos con otros niños o hermanos, lo que les impide la posibilidad de ser ellos mismos.
13. Reclamarles sus actitudes negativas todo el tiempo.
14. Juzgarlos y valorarlos por las cosas que hacen mal.
15. Decir en público sus defectos.

¿Identificó en usted alguna de estas acciones? Con la finalidad de ayudarle en la construcción del liderazgo de sus hijos, y sin desanimarse, reflexione en otras conductas que usted pueda estar ejerciendo y que puedan estar limitando la autoestima de su hijo/a:

_____

_____

_____

_____

✐ Estimule la autoestima en sus hijos

Ahora bien, si queremos que nuestros hijos sean líderes de su propia vida, como padres debemos reforzar la autoestima de nuestros hijos ejerciendo acciones que los hagan crecer:

1. Sea un modelo y ejemplo para sus hijos.
2. Recuérdeles sus talentos y sus éxitos.
3. Permítales que decidan por sí mismos y no decida por ellos.
4. Enséñeles que la vida hay que disfrutarla día con día.
5. Reconózcalos cada vez que tengan un éxito.
6. Déles las gracias cuando terminen algo que les pidió hacer.
7. Prémielos por haber terminado a tiempo una tarea.
8. Estimúlelos para que piensen de forma positiva sobre sí mismos.
9. Evite que su hijo se demerite cuando cometa errores.
10. No deje que se queje siempre de todo.
11. Estimule a sus hijos para que realicen lo que más desean y no se aburran.
12. Evite que sean dependientes de usted y haga que tomen sus propias decisiones.
13. Recuérdeles cuánto los quiere.
14. Felicítelos cando hagan las cosas bien y las terminen a tiempo.
15. Recuérdeles siempre sus talentos y virtudes.
16. Enséñeles la importancia de terminar las cosas a tiempo.

17. Hábleles sobre líderes de la historia que han sido ejemplo de vida.
18. Evite que culpen a otros de sus irresponsabilidades.
19. Abrácelos todas las veces que sea posible; repítales muchas veces cuánto los quiere.

¿Qué otras conductas podría aplicar para estimular la iniciativa de sus hijos?

_____

_____

_____

_____

_____

_____

✒ La integridad es la antesala de la confianza

Ser íntegro es una parte fundamental de la formación del carácter de nuestros hijos. Como he mencionado anteriormente, la integridad significa tener una forma de vida con solidez moral, sinceridad, honestidad y ser correcto en las conductas diarias. Si usted consigue un nivel elevado de integridad en sus hijos, le permitirá mantener una relación a largo plazo con las personas. Esto es crucial en su formación como líder.

Analice lo siguiente: ¿Los líderes tienen una relación de corto o de largo plazo con su grupo?

Sin lugar a dudas, la relación líder-colaboradores es una relación de largo plazo. Por ello, será capital la consistencia de sus conductas. No es posible tratar a las personas como a uno se le antoje y luego esperar de ellos lealtad y compromiso. Existen principios básicos que determinan nuestras relaciones con los demás y el más trascendente es el de integridad.

Las ocho semillas que desarrollaremos son ocho principios de convivencia humana que conducen hacia el liderazgo de sus hijos.

La confianza que surge como producto de estos principios se construye poco a poco, no se da por condición de líder, se gana día con día, palmo a palmo.

Si su hijo es un ser confiable, seguro tendrá más amigos por más tiempo y será reconocido por ello, aun si no se lo expresan explícitamente. Las actitudes demostrarán la confianza que le tienen. De ahí surge la atracción y magnetismo hacia su persona, el producto de su integridad. Por su parte, la congruencia es la capacidad de decir y hacer. Cumplir con las promesas. Llevar a cabo lo prometido. Cumplir con los compromisos que uno contrae.

He desarrollado hasta ahora el tema de integridad y congruencia, pero con la intención de aclarar la gran diferencia entre uno, y otro le presento la siguiente ecuación:

DECIR + HACER = CONGRUENCIA:
Fortalece la CREDIBILIDAD

"VALORES" + DECIR + HACER = INTEGRIDAD: Construye la CONFIANZA

En el caso de la integridad, su ingrediente principal es la honestidad, el ser incorruptible, tener principios morales, no ser víctima de las tentaciones a corto plazo.

Como podemos ver, construir una estructura interna de valores y principios les permitirá a sus hijos enfrentarse a las tentaciones y, a corto plazo, sus decisiones estarán gobernadas desde su interior y no desde la perspectiva de la oportunidad que el momento les presenta. Su vida estará regida por los principios y valores que usted haya sembrado en la tierra fértil de su ser y no dudarán de sus elecciones. Tendrán la seguridad de que sus decisiones estarán sustentadas en la solidez de sus valores y no en la seducción de una gran oportunidad que lo induciría a tomar el camino fácil.

✐ Los resultados y la confianza

Así como la integridad es la piedra angular de la confianza, otro ingrediente que contribuye sustancialmente en el liderazgo es saber qué produce resultados. Cumplir eficientemente con las metas prometidas y no sólo intentar cumplir con ellas, representa el fortalecimiento de la confianza. La buena intención, sin el conocimiento necesario para actuar con eficiencia y calidad del resultado, merma el nivel de confianza. Pregúntese, por ejemplo, si su hermano, a quien quiere mucho, no tuviera la habilidad para manejar un negocio. ¿Le encomendaría la responsabilidad de dirigir su empresa aunque sea su hermano?

El nivel de afecto en su relación no justifica que tenga confianza en sus habilidades, ¿cierto? En su trabajo ha de haber experimentado la misma situación.

Usted sabe perfectamente que si se necesita cumplir eficientemente con algún trabajo, hay que saber a quien asignárselo. Conoce, por experiencias anteriores, quién de sus colaboradores es el

más confiable para cumplir con el resultado. Puede que todos ellos sean personas honestas e íntegras, pero la eficiencia del resultado se le asigna sólo a alguien que uno sabe que lo hará bien.

Por lo expuesto, resulta ineludible que desarrolle

las ocho semillas del liderazgo que le presentaré en los próximos capítulos.

Tenga presente que la combinación de **Integridad y Conocimiento** para Producir los Resultados es una dualidad inseparable para que sus hijos sean verdaderos líderes.

Conductas para producir resultados

Le aconsejo que cultive conductas que favorezcan en sus hijos la producción de resultados y, sobre todo, no se centre en factores intangibles que puedan estancarlo en la retórica del *buen pensar* y del *no hacer*:

1. Defínale con anterioridad los resultados a producir.
2. Percátese de la mejora continúa en todo lo que él hace.
3. Predispóngalo a solucionar problemas y no sólo a exponer lo obstáculos.
4. Defina sus expectativas para evitar malos entendidos.
5. Que cumpla con sus compromisos y responsabilidades en tiempo y calidad.
6. Que analice las situaciones antes de actuar.
7. Que aprenda a cumplir y no a justificar su incumplimiento.
4. Desarróllele la actitud de no darse por vencido.
5. Cultívele la perseverancia ante los fracasos.
6. Haga que se levante una y otra vez ante la adversidad.
7. Muéstrele el valor de cumplir y el efecto de los resultados en la vida.
8. Que aprenda a preparar su mochila antes de emprender cualquier viaje.
9. Cultívele la necesidad de tener información antes de ponerse a trabajar.
10. Fíjele fechas límite en todo lo que hace.
11. Comprométalo con resultados de excelencia.

¿Qué otras conductas podría aplicar para que ellos mejoren sus resultados?

_____

_____

_____

_____

✐ Desarrolle el optimismo

El desarrollo del optimismo supone ser realista y buscar lo positivo antes de enfocarse en los obstáculos. Para que su hijo pueda ser optimista, pese a los obstáculos, necesita tener motivos muy fuertes para serlo. Estos motivos, que expondré más adelante en el capítulo referente a la Visión, se centrarán en la confianza que sus hijos tengan en sus propias habilidades y en el soporte que puedan darle sus padres. Es difícil ser optimista sin apoyo y confianza. Con su dirección hará que su hijo pueda construir la actitud optimista que necesita para conocerse a sí mismo y sus capacidades.

Cuando un hijo no tiene confianza pierde su optimismo y, forzosamente necesita de usted para seguir siendo optimista o dejará de serlo.

Cuando su apoyo le permita obtener éxitos pequeños, construirá la confianza interna para asumir la vida y sus decisiones con optimismo, ya que esta es una pieza fundamental para la construcción de su liderazgo.

El desarrollo del optimismo le permitirá a su hijo/a sentirse bien consigo mismo y será una persona que estará en paz con su forma de ser ante la vida.

Desde esta perspectiva, lo más importante es que le enseñe a ser realista, para que ese optimismo esté basado en el análisis de la situación y no en una simple aspiración emocional ante el deseo de hacer algo que quiere. De esta forma sus hijos comenzarán a responsabilizarse de su propia vida.

Su objetivo como *coach* de un líder no es resolverle los problemas que a él le corresponden. Tiene que conducirlo a tomar conciencia de que en algún momento tendrá que actuar por su cuenta y asumir las consecuencias de sus actos.

Si se equivoca tendrá que experimentar el dolor del fracaso, para luego, no obstante, lograr una mayor plenitud como persona. De esta forma, estará forjando un liderazgo real, ya que no debe sentirse optimista sólo cuando todo le sale bien, sino que a pesar de que las cosas salen mal, debe actuar y enfrentar la situación.

En este sentido, es necesario enfrentar a sus hijos a situaciones difíciles con el fin de exigirles que se esfuercen cada día más por lo que quieren y para que no dejen sus anhelos en el camino por considerarlos muy difíciles o complejos. El deporte de conjunto será una herramienta clave para que los eduque en ello.

En este sentido, no permita que deterioren su propia imagen cuando fracasen, porque le dificultará ser optimista la próxima vez. Si no tienen fe en sus capacidades, cuando se enfrenten a situaciones de gran dificultad se verán limitados en el momento de la acción.

Si su hijo fracasa demuéstrele más apoyo y comprensión, ayúdelo, hable con él, hágalo pensar en opciones de solución no sólo le de palabras de aliento, hágalo pensar. Para construir su liderazgo personal necesita pasar por la experiencia de haberse esforzado para conseguir lo que quiere y sentir confianza. Edúquelo a reunir pequeños éxitos y apóyelo en los fracasos.

Si nuestros hijos aprenden que tienen una misión que cumplir en la vida, encontrarán los caminos para construir su liderazgo. En cambio, si se acostumbran a desconfiar en sus capacidades, les será más difícil desarrollar su confianza y crecer como personas.

Si ellos observan su cariño y apoyo como el *coach* con el que pueden contar, podrán identificar nuevos caminos en forma optimista.

CONCLUSIONES

Hemos visto cómo la confianza se construye a partir de que se cumple con lo que se dice y se hace. De aquí, la ecuación:

CONGRUENCIA + CONOCIMIENTOS = ÉXITO

El ÉXITO fomenta CONFIANZA en la persona

La CONFIANZA nos impulsa a la ACCIÓN

El carácter, tal como lo hemos hablado, estimula en su hijo/a, impulsa su capacidad para producir resultados al poner el pensamiento en acción, lo induce a comprometerse con sus objetivos, con sus tareas y con sus anhelos. La fortaleza de carácter desarrolla el espíritu competitivo, esencial para ser eficiente en todo lo que hace. Como líder, su hijo/a adquiere un compromiso consigo mismo y con su grupo para ganar, para triunfar. Todo líder debe ser eficiente y comprometido con los resultados para competir y ganar. Actitud que será crucial cuando sus hijos se integren al mundo de los negocios, donde el juego es enfrentarse a muchos competidores y ganar a buena ley.

Esta mente de ganador, producto de su carácter e integridad entre el decir y el hacer, crea una fortaleza mental ante la vida que pocas veces se dobplega ante la desidia, la apatía y la postergación. Saber competir forma parte del liderazgo en cualquier arena en que caminemos. Por ejemplo, los políticos deben competir por sus votes. Los líderes empresariales deben competir por una porción del mercado. En el deporte debemos competir para ganar al equipo contrario. Las religiones deben competir contra los mensajes adversos de la sociedad para lograr que las personas tomen el camino correcto. Por tales motivos, nunca es tarde para educar a sus hijos a ser congruentes con sus metas, para incrementar su autoestima y para construir su espíritu competitivo ante la vida y evolucionar cada día más, como persona y como líder.

Reflexiones

- El mejor tranquilizante es tener la conciencia tranquila. He aprendido que los hijos necesitan más abrazos que cosas materiales.

- Me preocupé tanto en la vida por darles a mis hijos lo que yo no tuve, que me olvidé de darles lo que sí tenía.

- He aprendido que entre más valorados se sientan mis hijos, más sólidos serán sus valores personales.

- He aprendido a que uno puede esperar que un joven no escuche un consejo, pero nunca ignorará el ejemplo de sus padres.

- El optimista vive más que el pesimista, por ello, soy optimista.

- El nivel de autoconfianza determina tu éxito.

- En los negocios y en la familia lo más importante es la confianza.

- Nunca pierdas la oportunidad de decirle a alguien que lo amas.
- Aprende cuándo debes hablar y cuándo debes callar.
- Nunca comprometas tu integridad.
- Es bueno poner notas cariñosas dentro de la lonchera de los hijos.
- Habitúelos a rezar, hay un gran poder en ello.

Si desea profundizar en el tema, le sugiero leer el libro *Una vida con propósito* de K. Warren.

Otras lecturas sugeridas son: *Teaching Your Children Values* de Linda y Richard Eyre y *Cómo hacer hijos responsables* de Laurel Hughes.

CAPÍTULO OCHO

La semilla de la iniciativa

"La capacidad de vencer obstáculos y problemas será uno de los ingredientes más importantes para lograr grandes resultados en su vida. Asumir responsabilidades sin buscar culpables será la norma que gobierne su liderazgo en el futuro".

Los jóvenes que tienen sólo valores
materiales, son infelices, estresados y se
involucran en conductas de alto riesgo.

JULIET B. SCHOR

LA INICIATIVA ES UN INGREDIENTE clave para construir
el liderazgo responsable en sus hijos. Cuando una
persona tiene iniciativa, significa que asume la
responsabilidad de hacer las cosas independientemente de la situación y del entorno. Es decir, son
seres humanos responsables de su vida.

Todo lo que hacemos en la vida es producto de
nuestras decisiones, no de las circunstancias.

En este caso, sus hijos deben comprender que
tienen que hacerse responsables de hacer que las
cosas sucedan. Comprender que su vida es producto de su propia elección y no de sus ilusiones o

emociones temporales, les dará control sobre sus acciones.

Si su hijo comprende esta capacidad humana, entonces no se dejará manipular por las circunstancias ni se dejará controlar por el entorno que le rodea. Él podrá decidir.

> "El compromiso da todo lo que tienes para alcanzar lo que más deseas".

Dicho esquema de pensamiento es clave en la construcción del liderazgo para no buscar justificaciones por la falta de resultados. En otros términos, se asume la responsabilidad que corresponde por la decisión que se tomó. No importando las circunstancias, el ser humano tiene la libertad de decidir y asumir con responsabilidad su elección.

La iniciativa es la capacidad que define a un líder responsable de sus acciones. La iniciativa surge de tomar decisiones a pesar de las limitaciones y adversidades del entorno. Muchos jóvenes no toman decisiones porque les da temor atravesar la línea hacia una nueva etapa que les es desconocida. Por eso, nos corresponde hacerles saber que toda decisión implica un cambio. Desde esta perspectiva, todo cambio tiene dos elementos a considerar. Por un lado, requiere que analicen lo que conocen, para ingresar a una nueva realidad. Necesitan tener la iniciativa de tomar decisiones todo el tiempo, a pesar del entorno.

La debilidad más grande de todo líder es el temor a lo desconocido, más aún para aquellos que no han sido entrenados para asumir el riesgo que implica tomar una decisión con altos niveles de riesgo. No olvide que el hombre pudo ir a la luna gracias a que se atrevió a correr el riesgo de una decisión no tomada hasta el momento: el riesgo asumido le permitió al hombre conquistar la luna.

✐ Buscando culpables

Nadie puede tomar decisiones por los demás. Sus hijos deben aprender a tomar sus propias decisiones. Este proceso los hace

> "Tus talentos son tus dones. Cuando expreses esos dones, el mundo se abrirá para ti".

responsables de sus decisiones y de la consecuencia de las mismas. Con ello, comprobarán que su vida no es producto de la circunstancia, sino producto de sus decisiones. El entorno no es culpable de sus fracasos, pero sí la incapacidad para tomar decisiones acertadas. Ellos deben aprender que son libres de tomar sus decisiones. Tienen la libertad de escoger sus acciones. Si comprenden que su vida es producto de sus decisiones y no de las condiciones del entorno, podrán asumir la responsabilidad de sus vidas.

Las personas que no se hacen responsables de sus decisiones culpan al entorno de lo que les sucede. La búsqueda de la culpabilidad es transferir su falta de capacidad para tomar buenas decisiones. Cuando los jóvenes señalan a un culpable de su fracaso están evitando comprometerse con sus decisiones.

En la vida es muy fácil encontrar culpables.

La capacidad de encontrar un chivo expiatorio de nuestras deficiencias es una costumbre muy arraigada en las personas. La idea más frecuente es: "Si no fuera por ti las cosas serían diferentes". "Si no fuera por mis compañeros me sentiría mejor en la escuela". "Si no fuera por la maestra yo sería un buen alumno". "Si no fuera por mis hermanos yo sería un buen amigo". "Si no fuera por mi novia yo sería un mejor novio". Por eso, ayúdelos a comprender que no pueden darle fuerza a las debilidades de los demás y que no pueden transitar por la vida culpando a los demás de sus errores demeritando su capacidad.

Aprender a construir la vida apoyándonos en el señalamiento a los demás debilita nuestra capacidad para tomar decisiones.

Enséñeles a sus hijos que la vida los pone a prueba cotidianamente con los obstáculos y las adversidades naturales de todos los días. Cuando ellos toman una decisión están creando otras condiciones y puede que sean adversas para el entorno o para otras personas o para ellos mismos. Tendrán que saber lidiar con la resistencia del entorno y de las personas cuando tomen una nueva decisión.

✐ La inciativa exige responsabilidad

Sus hijos deben aprender que todo lo que sucede en su vida es consecuencia de lo que hacen. Deben comprender que todo lo que hacen tiene un origen y se encuentra en sus pensamientos. Lo más frecuente es encontrar jóvenes que culpan a otros de lo sucedido. Su objetivo es salvarse del problema que conlleva lo que hicieron.

Cuando los jóvenes no asumen esa responsabilidad buscan a alguien para culparlo. Señalan a los otros, a su hermana, a sus amigos o a sus maestros. No asumir la responsabilidad denota inseguridad. Como decía Aristóteles: "Llegamos a ser lo que somos como personas a través de las decisiones que tomamos". Si educa a sus hijos a tener iniciativa, podrán asumir la responsabilidad de sus actos sin sentirse mal por ello. Dejarles en claro que no son las situaciones o las demás personas las causantes de sus errores, que fue su incapacidad para producir los resultados que deseaban.

La comprensión de este principio los transforma en personas más seguras. No hay nada malo en equivocarse, no hay nada malo en cometer errores. Lo malo es no rectificar. Debe trabajar el sentido de culpabilidad que ellos sienten en relación con los errores y sustituirla por el sentido de responsabilidad. La culpabilidad deteriora su autoestima. La responsabilidad la fortalece.

Las personas responsables son personas maduras que se comprometen consigo mismas y con sus conductas, son dueñas de sus actos y responden por lo que construyen: hacen frente a sus decisiones.

Si usted logra enseñarles que la vida está llena de decisiones, de errores y rectificaciones inmediatas, entonces sus hijos asumirán su parte de responsabilidad.

Enséñeles que no hay nada malo en el error. Al contrario, el error es la estrategia de enseñanza más efectiva para la vida. Es un evento producto de una decisión, por lo que su identidad queda intacta, al margen de los errores cometidos. De otra forma cada error es un dolor en el alma y un deterioro en su autoestima.

Cuando así sucede, los jóvenes se recriminan: "Como me fue mal en la escuela, soy un mediocre". "No soy muy inteligente". "Como mi amigo/a ya no me habla yo soy una persona desagradable o aburrida". "Como no destaco en el futbol soy muy malo para los deportes". Es decir, cuando fracasan, automáticamente, se ve deteriorada su imagen, su valía.

Enséñeles a distinguir entre el fracaso y su identidad. De no ser así, los jóvenes se tornarán viscerales, defensivos, agresivos, humorales y se irritarán con facilidad. Se sentirán víctimas de lo que sucede y por eso buscarán a alguien a quien cargarle sus problemas.

Muchos otros, ya mayores, actúan así en las empresas. Cuando algo sale mal, buscan un culpable, para que no los señalen o los juzguen, o para no ser el objeto de una mala evaluación a su desempeño, y se vean afectados en su bono.

En consecuencia, observe en sus hijos si son responsables o son buscadores de culpables. En el desarrollo de un líder esto es trascendental. No se podría comprender a un líder que culpara al mercado por sus malas ventas y no hiciera nada por ello. No se podría comprender a un presidente culpando a la economía mundial por falta de crecimiento en su país justificando con ello las situaciones adversas. No se podría comprender a un líder que culpa a sus colaboradores por su falta de resultados y de ese modo explicar la falta de productividad en su área.

Por lo anterior, la educación temprana sobre la responsabilidad es clave. De lo contrario, le damos poder a las circunstancias para que sean las únicas responsables de todos los problemas.

Esto es muy común, pero no por ello debemos dejar que nuestros hijos desarrollen tal debilidad. Si permitimos que nuestros hijos juzguen, sin responsabilizarse de la parte que les toca, caerán en la peligrosa conducta de sólo hacer las cosas bien cuando todo esta dado para que suceda así, sin saber cómo responder cuando la adversidad se presente.

Enséñeles a sus hijos a cuestionarse a sí mismos de lo que sucede, ya en la escuela, ya en el deporte, con sus amigos, inclusive en su relación con usted, como padre o madre. Que aprendan a cuestionarse: "¿Qué estoy haciendo o dejando de hacer para que las cosas sucedan como están sucediendo?".

Si aprenden a cuestionarse será un paso gigante para comprender la lección más importante de la vida: "Para que cambie mi realidad, primero tengo que cambiar yo".

Es muy fácil exigirles a los demás que cambien, que las circunstancias cambien, que los demás cambien para que a mí las cosas me salgan como las tenía planeadas, sin embargo la vida no es así. Ese es el mundo de Walt Disney, en el que existe un personaje que se adapta a tu personalidad.

En la vida, los hijos tendrán que aprender que deben enfrentarse a todas las limitaciones y obstáculos imprevistos.

Por último, quisiera decirle que para fomentar la madurez y la responsabilidad en nuestros hijos, debemos instrumentar los hábitos y el ejemplo con ellos. El modelaje de sus conductas será un elemento clave de imitación y de ejemplo de vida. Los padres que posponen sus compromisos, postergan sus responsabilidades e incumplen con sus promesas fomentan una cultura de irresponsabilidad basada en lo que observan en casa.

✐ Conductas que desaniman la iniciativa de sus hijos

Los padres podemos tener inconscientemente conductas que desaniman la iniciativa de nuestros hijos. Analice la lista que le presento a continuación e identifique aquellas acciones que lleva a cabo y, al final, anexe alguna que usted haya descubierto:

1. Negar los puntos de vista de sus hijos porque son pequeños.
2. Interrumpir y censurar su curiosidad por las cosas.
3. Hacerlos desconfiados cuando tienen nuevas iniciativas.
4. Evitar que prueben nuevos retos.
5. No apoyarlos en los deportes que eligen.
6. Hacerles creer que como son jóvenes aún no saben.
7. Resolverles sus tareas, haciéndolos dependientes.
8. Dejarlos que mantengan una vida rutinaria, sin novedades y muy controlada.
9. Tomar las decisiones por ellos.
10. Inculcarles que culpen a los demás por lo que les pasa.
11. Atemorizarlos sobre los riesgos y las pérdidas que pueden tener si toman una decisión.
12. Dejar que se preocupen siempre por lo que les pasa.

¿Qué otras conductas ha identificado y que no aparecen en la lista anterior?

_____
_____
_____
_____
_____
_____
_____
_____

✐ Anime a sus hijos a tener inciativa

1. Estimule a sus hijos a preguntarse por las decisiones que toman.
2. Elimine culpables y juntos busquen una solución.
3. Prémielos por decir la verdad y no mentir o culpar.
4. Ayúdelos a que se desenvuelvan solos.
5. No acepte hacer algo que ellos deben hacer.
6. Enséñeles que las circunstancias no son la causa de sus problemas.
7. Edúquelos a ser responsables de sus decisiones y sus consecuencias.
8. Dedique tiempo para ayudarlos a comprender lo que les sucede.
9. Compártales historias de personas que han triunfado en la vida.
10. Compártales que siempre hay varias alternativas para resolver un problema.
11. Enséñeles a que comenten con sus amigos lo que les pasa para contrastar diversas soluciones.
12. Dedíqueles tiempo para entender sus problemas y sus preocupaciones de vida.
13. Explíqueles que sus problemas no son producto de las circunstancias sino de decisiones equivocadas.
14. Evite que se culpen por haber tomado una decisión inadecuada.
15. Enséñeles a no ser viscerales, irritables y explosivos porque los hace dependientes y ofensivos.
16. Apóyelos en todos los deportes que quieran hacer y comparta su entusiasmo con ellos.
17. Ante toda iniciativa que tengan, anímelos y ayúdelos a visualizarla
18. Impulse el talento que posean por simple que sea. Esté junto a él.

¿Qué otros elementos se podrían aplicar para que aumente su iniciativa?

_____

_____

_____

_____

_____

_____

_____

CONCLUSIONES

La característica más importante de un líder es asumir la responsabilidad ante las circunstancias. La responsabilidad de un líder es resolver, cambiar las circunstancias tomando decisiones.

Si su hijo/a asume la responsabilidad ante los problemas del entorno su capacidad de iniciativa se acrecentará con el tiempo. La falta de esta capacidad para resolver los problemas lo obligará a buscar culpables de los problemas que ocurren. La búsqueda de culpables disminuirá su fuerza interior para asumir los compromisos que la vida pondrá en su camino. Debilitará su capacidad para asumir los riesgos necesarios ante los obstáculos. La búsqueda de culpable no resuelve el problema, sólo encuentran al responsable, pero los problemas continuarán.

Enséñeles a resolver problemas, a tener control del entorno asumiendo el compromisos de sus metas y compromisos. Que comprenda que su vida no es producto de las circunstancias es producto de sus decisiones. Lo que ha logrado hasta este momento es consecuencia de sus decisiones pasadas. Su futuro será producto de las decisiones que tome de hoy en adelante. De esa forma podrá construir su destino y los éxitos en su vida.

- He aprendido en la vida que uno jamás es recompensado por las cosas que sólo se intentan realizar y que nunca se llevan a cabo.
- Las personas se resisten a cambiar, pero es lo único que nos lleva al progreso.
- Uno es responsable de lo que hace independientemente de como nos sentimos por ello.
- He aprendido que cuando a los hijos les importa algo, se les nota.
- Nunca desestime la fortaleza de sus hijos para cambiar.
- Observe los problemas como oportunidades de crecimiento y experiencia.
- No espere que la vida sea siempre justa.
- Evalúe su éxito por el nivel de paz, salud y amor que posee.
- Cada día mejore algo en su trabajo.
- No permita que las posesiones lo posean.
- Use su tiempo para crear no para criticar.
- Actúe con cortesía. No permita que los demás determinen sus conductas.

Si desea profundizar en el tema, le sugiero leer el libro *Teens Can Make It Happen* de Stedman Graham.

CAPÍTULO NUEVE

La semilla de la visión

"La imaginación es todo, es la antesala de tu realización".

"Comprenderá la importancia de tener una visión en su vida y un sentido de propósito en todo lo que realice, y ello construirá la fuerza interior necesaria para luchar por lo que más quiere en la vida sin darse por vencido".

Todo lo que tu mente puede crear, lo
puede concebir.
Clemente Stone

La visión es la esencia del liderazgo, ya que proyecta toda acción hacia el futuro. En este sentido, el ser humano tiene la peculiaridad de que no puede vivir si no mira hacia el futuro. Para que un grupo sea entusiasta, se inspire y motive en alcanzar grandes resultados, debe tener un líder con una visión y, a su vez, debe saber comunicar esta visión a su gente.

Por consiguiente, los jóvenes líderes necesitan tener una visión que los haga pensar a largo plazo. Sus hijos deben saber hacia donde quieren llevar

su vida y, para ello, necesitan: tener una ilusión, una visión clara, estructurarla perfectamente y lograr que los que estén involucrados con su visión, se entusiasmen con la idea.

Como nuestra Biblia dice: "Nadie sigue sonidos inciertos". Los grandes líderes siempre son grandes visionarios, tienen ideas fijas que los impulsa a la acción.

> "Para tener éxito, es necesario persistir y estar enfocado en tu visión, si no, perderás el poder de dirección en la vida".

Es necesario educar a sus hijos para tener grandes sueños y ayudarlos a definirlos con claridad. La definición de su visión le permitirá crear una mente de abundancia. Aprenderán que detrás de cada obstáculo siempre existe una posibilidad de solución, una alternativa que su mente debe encontrar.

Como su *coach*, deberá aprender a inspirarlos para que piensen en grande, de tal manera que sus alcances sólo estén condicionados por su imaginación, pero no por la falta de oportunidades. Deberá crear una mentalidad optimista, pero realista, estimulando el don de la creatividad que existe en todo ser humano como potencial que puede ser desarrollado.

Muchos padres destruyen, inconscientemente, la creatividad de sus hijos con frases como: "¿Será posible que no puedas hacer nada bien?". "¿Cómo puede ser que no sepas resolver un problema tan fácil?". "¡Déjame hacerlo yo, porque veo que tú no sabes hacerlo!".

De manera que el bloqueo de muchas mentes proviene de la pérdida de confianza que los padres promueven en detrimento de sus talentos y capacidades. Las palabras van socavando la imagen que tienen de sí mismos.

Finalmente, aprenden que no son inteligentes ni creativos para resolver cosas simples, por lo que para construir la visión de líder es necesario ayudar a sus hijos a tener grandes sueños en la vida. Debe enseñarles un plan basado en sus sueños, ya que requieren de una expectativa positiva que les permita evaluar todo lo que anhelan de la vida.

> "Lo que importa no es cuánto logras, sino cuánto aprendes durante el proceso para tener".

Muéstreles cómo darle seguimiento a su plan, estimulándolos a festejar los pequeños éxitos. No olvide que los jóvenes son impacientes y se les dificulta tener una visión a largo plazo.

Enséñele a su hijo/a el valor de la paciencia. Reconozca sus logros. Motívelos en sus fracasos. Dígales que están en el camino correcto, que deben perseverar, que pronto lograran sus objetivos. Que hagan un segundo esfuerzo.

Sentido de propósito

Si desea construir el liderazgo en sus hijos será necesario desarrollarles el *músculo* de la creatividad. Su objetivo será construir el sentido de propósito que ejercerán en la vida. La imaginación les permitirá vivir en el mundo de las posibilidades y no en la identificación y descripción de los obstáculos que se les presenten. Sin ese sentido de propósito en la vida, se sentirán perdidos, sin rumbo e inseguros de lo que hacen y se preguntarán qué están haciendo en ella.

Cuando sus hijos tengan un sentido de propósito, podrán tener un sentido de trascendencia y podrán comprometerse con los objetivos de otras personas también. El sentido de propósito les permitirá no sólo pensar en sus metas, sino en sí mismos, y lo que implican, ya que tomarán conciencia de que para alcanzar cualquier objetivo se requiere el apoyo de otros, que en la soledad y en el egoísmo será difícil que logren metas superiores.

Deben comprender que no han nacido sólo para comprar una casa, un carro, ropa o tener una educación, sino para cumplir con una misión que se encuentra en su mente y que deben descubrirla con el tiempo. No nacieron sólo para desarrollarse, reproducirse y morir, sino para trascender en todo lo que hacen. Para ello, cuentan con cualidades únicas e irrepetibles que nadie puede tener por igual en este mundo.

Desde este enfoque, el sentido de propósito y de finalidad se puede construir en los niños desde muy temprana edad. Todos los seres humanos tenemos talentos únicos que debemos desarrollar y construir, porque nuestra vida está hecha de esa materia prima.

El ser humano es el único ser en la tierra que no nace con un código predeterminado de lo que va a hacer en su vida y cómo lo va a hacer. El resto de los seres vivientes de esta tierra están codificados genéticamente y no tienen la opción de ser diferentes. Nosotros nacemos con el *cassette* en blanco y debemos construir nuestro destino descubriendo el propósito de nuestra vida.

Una vez comprendido el sentido de propósito, empezarán a sentir la llama interna de satisfacción relacionada con las razones que vaya identificando de su existencia. Descubrirá por qué está en este mundo.

Al orientar a sus hijos a alcanzar una visión y un sentido de propósito, habrá cumplido con el suyo propio, ya que una de sus responsabilidades como padres es conducir a sus hijos hacia un destino predeterminado.

El autor Eugen Herribel dice: "Cuando el ser humano define el sentido de su vida, no necesita, como el pintor, de lienzos, pinceles ni colores. Su vida se expresa a través de sus manos y sus pies como pinceles y el universo es el lienzo sobre el cual pintará su existencia. El cuadro así pintado se llamará *Mi vida*".

Conductas que desaniman la capacidad de visión de sus hijos

Muchos padres, sin intención e inconscientemente, bloquean la creatividad natural de sus hijos. Con ello, los jóvenes dejan de intentar nuevas cosas, por miedo, inseguridad o temor a lo desconocido. Miran lo desconocido como una amenaza, en lugar de ver una oportunidad. Con referencia a esto, algunas de las conductas que bloquean su imaginación son:

1. Disuadir a sus hijos de probar nuevas cosas, como comidas, otra forma de vestir, una forma distinta de hacer las cosas, etcétera.
2. Evitar que se interesen en nuevas ideas y opciones que no han sido comprobadas.
3. No dejar que hagan las cosa por ellos mismos.
4. Estimular que sus hijos hagan lo mismo que todas las demás personas.
5. Fomentar actitudes de temor a lo desconocido.
6. Ridiculizar las ideas de sus hijos. Burlarse de ellos.
7. Resolverles los problemas a sus hijos.
8. Propiciar que tomen el camino fácil pare resolver un problema.
9. Planificarles la vida.
10. Negarles toda actividad que tenga niveles de incertidumbre.
11. Etiquetar sus limitaciones.
12. Ser muy rígidos y estrictos con ellos.
13. Promover que sientan temor por usted.
14. Castigarlos por cometer errores.
15. Reprocharles todo lo que les sale mal.
16. Decirles siempre lo que tienen que comer y hacer.

¿Qué otras conductas cree ejercer usted que limitan la visión de sus hijos en la vida?

_____

_____

_____

_____

🖋 Potencie en sus hijos el *músculo* de la visión

Para que sus hijos desarrollen las habilidades de visualización y planeación en su vida es necesario ejercitar en ellos el *músculo* de la visión. Ello les permitirá desarrollar el don de la creatividad y la imaginación que se encuentra en nuestras mentes:

1. Pídales que planifiquen sus tareas.
2. Dígales que visualicen las jugadas que realizarán en su próximo partido.
3. Permita que en las próximas vacaciones ellos elaboren el plan del viaje.
4. Enséñelos a disfrutar de la vida todos los días.
5. Estimúlelos a que tengan interés en varias cosas que la vida ofrece.
6. Ayude a sus hijos a crear imágenes positivas de su vida.
7. Ayúdelos a que no tengan una visión destructiva del futuro.
8. Oriéntelos a hacer una plan de sus proyectos.
9. Ayúdelos a tener imaginación y a no caer en una vida rutinaria.
10. Estimúlelos a que tengan fantasías en su vida.
11. Refuerce los sueños de sus hijos aunque parezcan ilusorios.
12. Desarrolle un ambiente abierto a la creatividad

13. Enséñelos a meditar.

14. Edúquelos para que hagan un diagnóstico del avance de su plan.

15. Llévelos al campo y a las montañas para ver la dimensión de la vida.

16. Visite con frecuencia museos de arte y pintura.

17. Edúquelo en tener metas en la vida.

18. Estimule que sus hijos sean personas apasionadas en todo lo que hacen.

Describa que otras conductas puede desarrollar en sus hijos para fortalecer el músculo de la visión

_____

_____

_____

_____

_____

Impulse a su hijo a definir metas en la vida

Para que sus hijos puedan educar el don de la imaginación, no sólo se requiere definir su visión de todo lo trascendental de su vida, sino que deben aprender a establecer metas medibles. Las metas le ayudarán a definir fechas límite y tendrán un sentido de triunfo al alcanzar resultados más significativos.

"La mejor forma de acelerar tu aprendizaje es encontrando a alguien que haya transitado por el camino que seleccionaste para tu éxito".

Será necesario comprender que deben tener una visión integral de su vida y, en esa visión, deben vislumbrarse metas intermedias.

Si logra definir sus metas a corta edad, cuando tenga una responsabilidad de liderazgo empresarial, será mas fácil visualizar soluciones complejas y definir metas específicas para resolver temas complejos.

Por ello, lo invito a que usted y sus hijos realicen un análisis de su situación actual en las áreas: Física, Mental, Social, Familiar, Espiritual y Económica, para lo cual, le recomiendo responder el siguiente cuestionario. Evalúe del 1 al 10 cada una de las aseveraciones. Analice a su hijo/a como es hoy, no como debería ser. Si tiene dificultades, le aconsejo que invite a su hijo/a a que lo respondan juntos.

ASEVERACIÓN	PUNTAJE
1. Tiene un buen grupo de amigos	1 2 3 4 5 6 7 8 9 10
2. Le gusta pensar y reflexionar	1 2 3 4 5 6 7 8 9 10
3. Hace ejercicio con frecuencia	1 2 3 4 5 6 7 8 9 10
4. Le gusta estar en familia	1 2 3 4 5 6 7 8 9 10
5. Le gusta tener dinero	1 2 3 4 5 6 7 8 9 10
6. Lee con bastante frecuencia	1 2 3 4 5 6 7 8 9 10
7. Invierte tiempo con sus amigos	1 2 3 4 5 6 7 8 9 10
8. Tiene valores muy sólidos	1 2 3 4 5 6 7 8 9 10
9. Se alimenta saludablemente	1 2 3 4 5 6 7 8 9 10
10. Le gusta convivir con sus hermanos y primos	1 2 3 4 5 6 7 8 9 10
11. Le gusta ver programas educativos y culturales	1 2 3 4 5 6 7 8 9 10
12. Le gustan mucho las fiestas	1 2 3 4 5 6 7 8 9 10
13. Se comporta con integridad	1 2 3 4 5 6 7 8 9 10
14. Practica deportes constantemente	1 2 3 4 5 6 7 8 9 10
15. Invita siempre a sus amigos a venir a la casa	1 2 3 4 5 6 7 8 9 10
16. Le gustan los temas del dinero	1 2 3 4 5 6 7 8 9 10
17. Es muy ahorrador	1 2 3 4 5 6 7 8 9 10
18. Le gustan los museos y el arte	1 2 3 4 5 6 7 8 9 10
19. Organiza fiestas con frecuencia	1 2 3 4 5 6 7 8 9 10
20. Se preocupa por las personas necesitadas	1 2 3 4 5 6 7 8 9 10
21. Le gusta cuidar su salud física	1 2 3 4 5 6 7 8 9 10

22. A donde vaya hace amigos
con facilidad   1 2 3 4 5 6 7 8 9 10
23. Administra bien su dinero   1 2 3 4 5 6 7 8 9 10
24. Invierte tiempo en hobbies y
juegos mentales   1 2 3 4 5 6 7 8 9 10

Aseveraciones que corresponden a cada área

Físico: 3, 9, 14, 21   **Social:** 1, 7, 12, 20
Económico: 5, 16, 17, 23   **Mental:** 6, 11, 18, 24
Espiritual: 2, 8, 13, 20   **Familiar:** 4, 10, 15, 22

Sume las calificaciones que obtuvo en cada una de las seis áreas de vida de su hijo/a y haga una gráfica polar uniendo los puntos de los resultados obtenidos.
Ejemplo:

Físico

aseveración	3	= 8 puntos
aseveración	9	= 2 puntos
aseveración	14	= 5 puntos
aseveración	21	= 1 puntos
Total		=16

Económico

aseveración	5	= 3 puntos
aseveración	10	= 5 puntos
aseveración	17	= 8 puntos
aseveración	23	= 2 puntos
Total		=18

Espiritual

aseveración	2	= 8 puntos
aseveración	8	= 2 puntos
aseveración	13	= 4 puntos
aseveración	20	= 5 puntos
Total		=19

Social

aseveración	1	= 8 puntos
aseveración	7	= 6 puntos
aseveración	12	= 10 puntos
aseveración	22	= 7 puntos
Total		= 27

Mental

aseveración	6	= 4 puntos
aseveración	11	= 7 puntos
aseveración	18	= 8 puntos
aseveración	24	= 9 puntos
Total		= 28

Familiar

aseveración	4	= 8 puntos
aseveración	10	= 9 puntos
aseveración	15	= 8 puntos
aseveración	19	= 8 puntos
Total		= 33

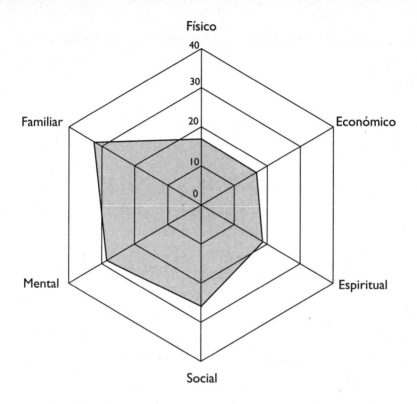

Físico

40

30

20

10

0

Familiar

Económico

Mental

Espiritual

Social

CONCLUSIONES

Si no logra construir la capacidad de visión en sus hijos, serán presas del entorno, de las circunstancias, de las eventualidades. No podrán tener control de lo que hacen, ya que vivirán en el día a día sin planear el futuro. Los grandes líderes tienen la cualidad de construir una visión que resuelve los problemas a corto plazo. Recuerde que sus hijos son los guardianes de su destino. Deben construir una visión de su vida y, así, construirán una realidad con sentido.

Le recomiendo que cuando desee desarrollar esta semilla, haga con su hijo/a un póster tamaño cartulina con recortes de revistas que representen, en imágenes, todos los anhelos de su vida, y luego cuélguelo en su cuarto. El póster será "La Visión de mi vida".

No importa qué edad tenga, háganlo juntos; invite también a su pareja para que juntos contribuyan con la visión de vida de sus hijos.

Usted comprobará que, con el tiempo, pueden ir cambiando y será su responsabilidad ayudarlo a revisar sus objetivos.

Con los años, podrán crear varios pósters con los que ilustren la visión de su vida.

Por su parte, ellos comprenderán que en la vida todo se crea dos veces: una en la mente y otra en los hechos. En otras palabras, la creación mental precede a la creación física.

Como se trata de un principio, se aplica en todos los órdenes de la vida. Siempre habrá imaginación antes de la creación.

Verán la vida con un propósito definido, desde la perspectiva mental que les permita tomar decisiones anticipadas para lograr lo que ellos quieren. Evitarán ser apaga fuegos de los problemas repetitivos que se le presenten en la escuela, con los amigos, con los maestros, con el equipo deportivo y con el resto de sus relaciones humanas. Se desenvolverán con una mentalidad orientada a alcanzar metas importantes para su vida.

Quiero finalizar con una cita que refuerza lo expuesto, es del genio italiano Miguel Ángel: "El peligro en la vida no es que apuntemos alto y no lleguemos, sino que apuntemos demasiado bajo y lo logremos".

Reflexiones

- He aprendido que el riesgo más grande en la vida es pensar en pequeño.
- He aprendido que uno no debería compararse con los mejores, sino con lo mejor de uno mismo.
- He aprendido que todas las personas tienen la limitación de la dimensión de su visión.

- Su visión será clara sólo cuando mire dentro de su corazón. Los que miran hacia afuera sólo sueñan. Cuando mire hacia dentro, se descubrirá a sí mismo.
- La visión es el arte de observar lo invisible.
- La esencia del liderazgo es la capacidad de tener una visión.
- Las personas que no saben a dónde van, nunca encuentran viento favorable.
- Determine qué quiere en la vida y luego encuentre el cómo.
- El destino no es una casualidad, es una elección.
- El imperio del futuro es el imperio de su mente.
- Debe crear el futuro de su futuro, no de su pasado.
- El futuro pertenece a las personas que ven las oportunidades antes de que sean obvias.

Si desea profundizar en el tema, le sugiero leer el libro *Como criar hijos con actitudes positivas en un mundo negativo* de G. Kingsley.

CAPÍTULO DIEZ

La semilla del riesgo

"Controlar el temor a lo desconocido es una virtud que su hijo debe aprender para vencer los grandes retos que la vida le presente. Lo desconocido será el compañero inseparable en cada proyecto que tenga en la vida, por ello debe aprender a crecer con él".

Da tu primer paso con fe.
No necesitas ver el final de la escalera,
pero sube el primer escalón.
MARTIN LUTHER KING JR.

FRECUENTEMENTE, EL LIDERAZGO demanda que las personas asuman riesgos, inclusive físicos, y, para ello, se necesita coraje. Se necesita tener fuerza para enfrentarse a situaciones peligrosas. Los líderes necesitan el coraje para hablar con firmeza y comprometerse con lo que dicen.

En este sentido, es necesario estimular a los jóvenes para que luchen por sus convicciones y mantengan firmes sus valores, que sean capaces de llevar a cabo sus planes personales y las de su grupo.

Si su hijo/a no aprende a arriesgarse, siempre esperará que las condiciones sean propicias para asumir un riesgo con pocas amenazas, lo que frecuentemente lo inducirá a lograr pequeños resultados en la vida. Debe aprender también que la vida es una aventura que merece vivirse con valentía e ilusión.

> "Ante los problemas hay una idea que debes integrar siempre en tu mente: nunca darte por vencido".

Si su hijo/a es dominado por el temor al riesgo, debe educarlo en trabajar con lo desconocido y construir su capacidad de enfrentarse con valentía a la incertidumbre y a los grandes retos de la vida.

En nuestra sociedad, cotidianamente se confunde la seguridad con las posesiones y al buscar la seguridad en las posesiones estamos equivocando el camino. Confundimos con mucha frecuencia que factores como el dinero, una casa, un trabajo, una carrera nos proporcionan seguridad. En realidad no proporcionan seguridad a nadie.

La seguridad externa es una falsa realidad. La seguridad externa nos hace dependientes de ella y muy vulnerables en la vida. El nivel de dependencia puede llegar a tal límite, que si un día perdemos nuestras posesiones podemos perder el rumbo de la vida e incluso la vida misma.

Sólo que la seguridad esté dentro de la mente de sus hijos, podrá tener control de su vida y de sus situaciones. La seguridad interna crea un sentimiento de fe, de confianza, ya que saber que la seguridad verdadera está dentro de uno mismo nos libera del temor.

Henry Ford, quien a lo largo de su vida pudo amasar una fortuna, solía decir: "Si quieres que el dinero te dé independencia, nunca lo lograrás. La verdadera seguridad está en el conocimiento, en la experiencia y en la perseverancia".

Si usted adopta esta forma de pensar y se la transmite a sus hijos les dará mayor seguridad en lo que hacen para asumir riesgos,

> "Recuerda siempre tener un sueño, pero más importante que el sueño, la voluntad de persistir".

en lugar de vivir atemorizados por la incertidumbre de sus decisiones.

Al potenciar esta semilla, sus hijos no sentirán miedo de tomar grandes decisiones en su vida. Sabrán cómo resolver los problemas en su escuela, con sus compañeros, con sus tareas y, en general, con los retos que implica convivir con otros jóvenes.

Sus hijos deben estar convencidos de que pueden alcanzar lo que quieren llegar a ser en la medida que confíen en ellos mismos. Su seguridad será la única que siempre estará con ellos cuando se enfrenten a los problemas.

Esta forma de pensar es fundamental para que ellos puedan correr riesgos en la vida. La característica primordial de un líder es demostrar su capacidad para asumir riesgos. No olvide que el riesgo controlado llevó al ser humano a la luna. Sus hijos deben aprender que en el riesgo es en donde se encuentran las grandes oportunidades. La timidez, el temor y la falta de agallas para asumir las consecuencias de sus decisiones limitan sus grandes proyectos como líder.

Claro está que la incertidumbre es la compañera inseparable de todo líder, ya que ellos viven tomando decisiones con altos niveles de riesgo y que al momento de tomarlas pueden tener muy pocas probabilidades de éxito, sin embargo, van rectificando el camino en la medida en que confían en sus decisiones. En consecuencia, sus hijos necesitarán mostrar seguridad para enfrentarse a los imprevistos y para tomar decisiones que pondrían en juego el éxito de un proyecto.

De aquí que sea tan importante enseñarles a controlar sus impulsos, porque es lo mejor y lo único que tienen para transitar por el camino del éxito en su vida. La sobreprotección de muchos padres a sus hijos limita su posibilidad de probarse a sí mismos, en cambio orientarlo a conocer sus límites, sus capacidades y sus talentos, como una tarea que nadie puede hacer por ellos, fomentará el espíritu de aventura que lleva en su interior todo gran líder.

✐ Miedo al fracaso

La razón por la cual la mayoría de las personas no asumen riesgos es por el temor a lo desconocido, por lo que usted, de entrada, debe identificar los temores de su hijo/a para trabajar en ellos e ir eliminándolos.

El temor puede controlarlos cuando no tienen fe en sí mismos, en sus habilidades y dudan de sus talentos. El temor los limita cuando su mente les dice que sienten inseguridad o visualizan un riesgo mayor a la oportunidad misma.

Si sus hijos practican algún deporte, observe si experimentan temor cuando juegan sus partidos. La única forma en que sus hijos pueden controlar el miedo es enfrentándose a él.

¿No le ha sucedido haber experimentado alguna vez, ante un peligro inminente, correr mucho más rápido de lo que usualmente lo hace? o ¿Haber visto a una persona cargar un peso muy elevado en una situación de peligro? Ese es, precisamente, el tipo de energía que necesitan sus hijos para vencer el temor. Debe educar a sus hijos para crear una mentalidad que encara las crisis cuando el temor los invade, para sobrepasarlo y tomar decisiones. Deben aprender que tomar riesgos es parte fundamental de la vida. Deben comprender que cuando se quieren escapar del temor éste se agiganta y los controla.

No olvide que el temor es una emoción aprendida. Sus hijos no nacen con ella, la aprenden. Los padres debemos observar los temores de nuestros hijos, ya que si todo temor es aprendido, también podrá ser desaprendido.

> "Cuando no quieres correr un riesgo, estarás corriendo un riesgo mayor".

De hecho, aquéllos que le tienen miedo a la oscuridad o a las alturas, o a un maestro, pueden superar, con el tiempo, esas limitaciones creadas en la mente. El temor es una falsa realidad que parece real sólo cuando uno se enfrenta a ella.

Si como padres les hacemos comprender que el miedo es el impedimento que se interpone entre ellos y la visión de lo que quieren hacer, entonces podrán vencerlo. Si permiten que el temor se apodere de ellos, le estarán dando poder y jamás alcanzarán su objetivo. La habilidad de sus hijos para asumir riesgos dependerá de su capacidad para tomar decisiones, tal como lo vimos en la Semilla de la Iniciativa, los líderes no son los que menos fracasan, no. Ellos deben saber que los líderes son las personas que más se equivocan, pero también son las personas que más rápidamente se levantan, reaccionan de inmediato y corrigen el rumbo.

Los mediocres, paradójicamente, son los que menos se equivocan, ya que siempre buscan la manera de evadir los riesgos para tomar decisiones.

Aquellas decisiones que implican un gran riesgo contienen una dosis elevada de incertidumbre y sólo un diez por ciento de certidumbre, aunque todo líder, a pesar de ello, las toma, ya que la valentía es el ingrediente imprescindible en la vida de un líder.

Los líderes se hacen imprescindibles, justamente porque el nivel de riesgo e incertidumbre exige una personalidad firme. Debe hacerlos reflexionar en la idea de que si no corren un riesgo, puede que estén corriendo un riesgo mayor. Hacerlos comprender que si anhelan grandes cambios en su vida necesitan una gran dosis de valentía. Pero también deben saber que: "No es más valiente el que menos temor tiene, sino aquel que, a pesar de sentirlo, continúa adelante en la vida".

En este caso, no estamos hablando de la ausencia de temor, sino del temor controlado y el avance para alcanzar un propósito, ya que si la falta de temor fuera la condición para transformarse en un líder, aquéllos que se lanzan del *bungee*, como no muestran miedo, serían los líderes del mundo.

✐ Zona de confort

Observe si su hijo se encuentra inmerso en su Zona de Confort. También observe en qué áreas de la vida suele instalarse en su zona de confort. Entendemos Zona de Confort como la zona donde uno se siente cómodo. Donde no hay riesgos. Donde no necesito hacer nada para sentirme seguro. Es la zona que domino, conozco y en la que me siento protegido porque no me expongo.

Pregúnteles a sus hijos dónde han logrado hasta ahora sus éxitos más significativos. ¿Dentro o fuera de su zona de confort? Con seguridad le contestarán que fuera de la zona de confort. Y es correcto. Sus grandes logros en la escuela, en el deporte o en sus tareas o trabajos, han sido cuando se arriesgan a hacer cosas diferentes y no las rutinarias. Como podemos ver, ellos inconscientemente han logrado sus éxitos en el terreno de lo desconocido, no en lo conocido.

Si usted logra hacerles comprender que en lo que no han experimentado es donde se encuentra el éxito, en lo no transitado, en lo que no controlan aún, entonces comprenderán que el secreto de lograr lo que quieren siempre estará fuera de su Zona de Confort.

No es con la ley del menor esfuerzo como se logran las grandes hazañas de la vida. La vida no se construye en las grandes autopistas, se construye abriendo brecha, cortando maleza, y será ahí donde estará la fuerza de los futuros líderes.

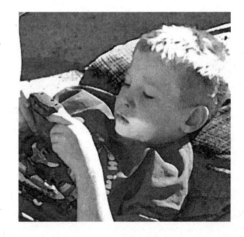

> "Tu vida depende no sólo de tus metas, sino de la constancia para alcanzarlas".

Los que no tienen mucha seguridad intentan, con pequeños pasos, salir de su Zona de Confort, pero no resisten y se regresan a refugiarse a su zona de seguridad. Otros, los que no quieren asumir el riesgo de la oportunidad, optan por la pasividad y mantienen un *statu quo* determinado y se dicen a sí mismos: "De todas formas no estoy mal". "No me va mal". "Para qué arriesgar si no estoy tan mal, hay otros que están peor".

Con esa mentalidad, se mantienen pasivos y sin voluntad para actuar, haciéndose dependientes de las circunstancias, ya que si éstas no cambian, ellos tampoco. Se transforman en personas que llevan a cuestas el mal tiempo. La lluvia los sigue adonde se mueven porque son incapaces de elegir en la vida. Creen, finalmente, que esa es la vida que les tocó y, por lo tanto, no tienen control de su realidad.

✓ Evaluación

Pregúntese cuán buenos son sus hijos para tener control de su vida. Circule **"Cierto"** o **"Falso"** en cada una de las aseveraciones siguientes. Si duda de las respuestas, invite a su hijo/a y respondan juntos.

1. Si un compañero le pide a su hijo que haga algo, decide con base en lo que cree conveniente.
   Cierto   Falso

2. Su hijo toma decisiones por sí mismo sin dejarse influir por otros.
   Cierto   Falso

3. No le preocupa ser aceptado por otros.
   Cierto   Falso

4. Se siente orgulloso y seguro de cómo es como persona.
   Cierto   Falso

5. No se deja presionar por los demás.
   Cierto   Falso

6. No se siente culpable por no tomar las decisiones de otros.
   Cierto   Falso

7. Mantiene firme su punto de vista cuando opina.
   Cierto   Falso

8. No se apena por hacer las cosas mal o si son tontas.
   Cierto   Falso

9. Sustenta sus ideas aunque los demás no estén de acuerdo.
   Cierto   Falso

10. Hace nuevas cosas aunque nunca las haya hecho antes.
    Cierto   Falso

Resultados

De 1 a 3 Ciertas. Significa que otros controlan en su vida.
De 4 a 6 Ciertas. Significa que tiene control en algunas áreas, pero necesita trabajar en otras.
De 7 a 8 Ciertas. Significa que tiene buen control de sí mismo.
De 9 a 10 Ciertas. Significa que controla muy bien su vida.

De acuerdo a los resultados obtenidos, ayúdelos a asumir riesgos, a adaptarse a nuevos retos y a producir cambios en su vida. Esto será un aprendizaje muy importante que, cuando sean adultos, les permitirá sentir el control de su vida y ser dueños del liderazgo de su existencia.

⟋ Conductas que desaniman a sus hijos a asumir riesgos

Existen ciertas conductas que involuntariamente aplicamos con nuestros hijos y que limitan su capacidad de iniciativa para asumir riesgos. Enseguida enumeraré algunas de las conductas más frecuentes para que reflexione sobre ellas:

1. Advertirles todo el tiempo sobre no correr riesgos y de los peligros de la vida.
2. Persuadirlos para no intentar nuevas cosas.
3. Hacer que sus hijos tengan una sola orientación sobre temas importantes de la vida.
4. No dejarlos que confíen en su criterio personal, pero que sigan el suyo.
5. Enviarles siempre mensajes de temor o castigo si no hacen las cosas que les pide.
6. Contagiarles sus propios temores.
7. Juzgar todo lo que hacen.
8. Evitar que salgan de su Zona de Confort.
9. Apoyar a que sigan la ley del menor esfuerzo.
10. Evitar que hagan cualquier cosa que tenga cierto nivel de audacia y riesgo.
11. Etiquetar a sus hijos recordándoles en qué no son buenos.
12. Recordarles sus limitaciones personales.
13. A la primera oportunidad que hacen algo mal, recalcarles que nunca hacen nada bien.
14. Inculcarles que vean la vida llena de riesgos y peligros.
15. Incitarlos a que siempre hagan lo que hace la mayoría de la gente.

16. Evitar que cambien, que evolucionen.
17. No dejarlos que exploren nuevas opciones.
18. No dejarlos que prueben sus posibilidades o limitaciones en la vida.

Incluya otras conductas que aplica frecuentemente con sus hijos:

_____

_____

_____

_____

_____

_____

✎ Anime a sus hijos a asumir riegos

1. Compártales que la vida es una aventura por experimentar.
2. Anímelos a hacer cosas nuevas.
3. Llévelos a visitar lugares que no conocen.
4. Enfréntelos a sus propios temores.
5. Incítelos a ser exploradores, buscadores.
6. Promueva que no hagan lo que todos hacen.
7. No los amenace o atemorice.
8. Haga que comprendan que hay varias alternativas.
9. Apóyelos cuando tengan nuevas ideas.
10. Anímelos a intentar nuevamente.
11. Dígales que intenten las cosas que les son más difíciles las veces necesarias.
12. No los predisponga a las situaciones.
13. Estimule a que hagan las cosas y las terminen.
14. Motívelos a que tomen decisiones en situaciones de riesgo.
15. Haga que disfruten los retos y que no los atemoricen.
16. Enséñeles que los retos son oportunidades, no amenazas.

17. Estimúlelos a que prueben nuevos caminos todo el tiempo.
18. Estimule las discusiones de todos los temas en su hogar.
19. Reconozca sus éxitos y logros y no les reclame por sus fracasos.
20. Cuénteles historias de su abuelos o de familia cuando corrieron riesgos y triunfaron.
21. Estimúlelos a tener pasiones fuertes que los motiven a la acción.
22. Edúquelos a que se informen antes de tomar decisiones para no exponerse a peligros innecesarios.
23. Ayude a sus hijos con información y presénteles la realidad para que vayan forjando convicciones.

Anote otras conductas para mejorar el nivel de riesgo y disminuir el temor en sus hijos:

_____

_____

_____

_____

_____

_____

Conclusiones

Si sus hijos no corren riesgos estarán perdiendo una parte importante de su identidad. Perderán oportunidades y evitarán actuar con liderazgo, ya que sólo tomarán decisiones de menor riesgo y sus resultados en la vida serán conservadores. Perderán el tiempo y no descubrirán nuevos rumbos. Se estarán desperdiciando como personas.

Habrá escuchado que el tiempo no se puede desperdiciar ni gastar ni ahorrar, así que decir que alguien pierde su tiempo, es como decirle a un pez que está desperdiciando el agua. En efecto, no tenemos control sobre el tiempo. Pero lo que sí podemos hacer es desperdiciarnos a nosotros mismos y ese desperdicio está en todo lo que puede hacer y no hacer su hijo/a .

En síntesis, recuérdeles a sus hijos que cuando desperdician su tiempo, en realidad se están desperdiciando a sí mismos y lo más negativo es que el tiempo no se recupera.

Reflexiones

- No existen elevadores que nos lleven rápido al éxito; el camino de la vida es por las escaleras.
- He aprendido que los grandes logros fueron aquellos que parecían imposibles.
- He aprendido que las cosas que más me preocupaban nunca me sucedieron.
- El amor y los logros involucran siempre un gran riesgo en la vida.
- Cuando uno fracasa nunca debe olvidar la lección.
- Cuando una persona se da por vencida, otra persona dirá: "¡Qué gran oportunidad existe!".
- Es bueno rezar no sólo por las cosas, sino por esperanza y valentía.
- "Comprométete con un desarrollo constante".
- "No pierdas el tiempo quejándote por los errores del pasado.
- Aprende de ellos y sigue adelante".
- "No importa lo difícil de una situación, debes mantener la calma".
- "Recuerda que los exitosos hacen las cosas que a los perdedores no les gusta hacer".
- "Cuánto más sepas menos será tu miedo".

Si desea profundizar en el tema, le sugiero leer los libros *Do it Now* del Dr. William J. Knaus y *Quién se ha llevado mi queso para jóvenes* de Spencer Johnson.

CAPÍTULO ONCE

La semilla de la comunicación

"Aprenderán la importancia del don de la palabra en el liderazgo. Reconocerán su capacidad de una comunicación efectiva para transmitir los objetivos y proyectos al grupo".

- Semilla de la **COMUNICACIÓN**

- Semilla de la **TRABAJO EN EQUIPO**

- Semilla de la **EJECUCIÓN**

- Semilla para **RIQUEZA**

> *Invertimos el ochenta por ciento de nuestro tiempo comunicándonos. La pregunta es si nuestra comunicación es efectiva.*
>
> ARLENE TAYLOR

TAL COMO ANALIZAMOS en capítulos anteriores, su hijo/a debe tener sueños, ideales, una Visión en la vida para construir su liderazgo.

Dado que una de las características más sobresalientes de los líderes del mundo ha sido trabajar intensamente para alcanzar la ilusión que tenían en su mente, una de las tareas más importantes de su hijo/a será la de tener sueños, pero "grandes sueños".

El reto es que aprenda a comunicar estos sueños a su equipo y que tome en cuenta que no será

suficiente, para el logro de sus metas, tener una visión. Su hijo debe aprender a vender la visión que tiene, empujarla, persuadir, convencer de tal forma para que "su objetivo" se transforme, en el grupo, en "nuestro objetivo". Deberá educarlo a motivar e inspirar a su grupo, de tal forma que "comprenda" sus ideas, las hagan suyas.

> "Cuando nos comunicamos con un joven, nos inspira ternura y respeto por lo que puede llegar a ser algún día".

Para ello deberá enseñarle a ser un buen comunicador. Deberá aprender las diversas técnicas que existen para mantener la atención de su audiencia y, luego, ejecutar la visión.

Comenzará a percibir el liderazgo en su hijo/a cuando observe su capacidad de persuasión y de comunicación de sus ideas, de forma entusiasta y convincente.

Algo muy útil es que sus hijos tomen clases de oratoria, inclusive comunicación verbal y corporal que les permita perder el temor de hablar en público.

Encuestas realizadas a jóvenes indican que el temor de hablar en público es mayor que el temor a su propia muerte, por lo que usted puede ayudarlos a perder, progresivamente, ese temor hasta que consigan expresarse tal como son, sin inhibiciones.

La forma de estimular a los hijos a ser líderes es exponiéndolos a eventos, a desarrollar ideas en público, a convivir con gente.

Lleve a sus hijos a eventos públicos y comunitarios; estimúlelo a que escuche y a que exprese sus opiniones. Será su responsabilidad estimular a sus hijos a escuchar, a aprender y a comunicar para dirigir con la palabra.

El mundo es de los atrevidos que se animan a decir lo que piensan. El mundo pertenece a los hábiles vendedores de liderazgo, a los grandes vendedores de ideas que convencen a los grupos para lograr metas honestas y meritorias para todos.

¿De qué le sirve saber mucho si no lo sabe comunicar? Nadie lo va a distinguir. Nadie lo va seleccionar para conducir eventos,

> "Una de las formas de persuadir es escuchando a los demás".

actividades o tareas de grupo, ya que no podrá distinguirse entre la masa.

Enséñeles a sus hijos que la habilidad para dirigir depende de la habilidad de venderse a sí mismo, de su habilidad de comunicar su visión, sus ideas, sus opiniones y de lograr resultados a través del esfuerzo conjunto. De tal forma que si usted está comprometido en desarrollar el liderazgo en sus hijos, necesita reforzar su confianza personal y, con ello, podrá sentir la seguridad de comunicar para vender eficazmente sus ideas.

Pregúntese: "¿A mi hijo/a le gusta hablar en público?". "¿Le gusta tener el reto de convencer a otros para que sigan sus ideas?". "¿Excede, frecuentemente, las expectativas que le piden?".

Si sus respuestas son SÍ, entonces tiene un hijo/a con un gran potencial de líder. Si su respuestas son NO, entonces es tiempo de que comience a trabajar en su entrenamiento con base en estas habilidades fundamentales.

Estimule a sus hijos a hablar en público, por ejemplo, desde rezar antes de cenar hasta discutir públicamente en la escuela. Este proceder les ayudará a descubrir las impresiones de una audiencia y a reconocer la confianza que surge como consecuencia de sus mensajes y sus convicciones.

La habilidad de hablar ante el público será fundamental para que su hijo/a aprenda a ser un buen líder, mientras que su capacidad como *coach* será fundamental para que pueda sentir seguridad en sí mismo y poder dirigir en el futuro.

✐ El poder de la palabra

Cuando sus hijos tienen confianza en algún aspecto de su vida, automáticamente desarrollan una actitud que les ayuda a conducirse con seguridad en otros aspectos a los que no se sentían capaces de enfrentar. En otras palabras, la confianza en comunicar es la confianza que tienen los líderes para dirigir, para enfrentarse a los retos y no intimidarse por ello.

La palabra es poderosa. Si sus hijos utilizan un lenguaje equivocado, los puede llevar al fracaso y hasta puede suceder que lo rechacen. La palabra correcta siempre enriquece el alma de las personas que la escuchan. Por tanto, enséñeles a usar las palabras indicadas, palabras que construyan, que estimulen, que transmitan un mensaje positivo, que motiven y no que juzguen y deterioren la relación con los demás.

Desde jóvenes deben aprender a contar historias que mantengan la atención de los demás. Deben aprender la diferencia entre dar un mensaje y conversar positivamente. Que sus palabras demuestren convicción y conocimiento del tema; interés por profundizar acerca de lo que se habla. Recuerde que la mayoría de los jóvenes se resisten a hablar ante  los grupos porque es más fácil para ellos quedarse en su Zona de Confort, tal como comentamos en capítulos anteriores, mantenerse dentro de la Zona de Confort los hace sentirse seguros.

Pero también mencionamos que los grandes logros que han tenido hasta hoy han sido porque se han arriesgado, porque han asumido el reto de salir de su Zona de Confort y crecen como personas.

Usted, como padre, como *coach* de su futuro líder, debe aprender a estimularlo, a motivarlo, a que sea audaz. Es necesario que lo convenza de creer en sí mismo para que asuma riesgos y para que ejecute las tareas necesarias para alcanzar sus objetivos de vida.

> "Un líder es un motivador. Sus ideas y su fe debe comunicarlas para que sean una sola en el momento de la ejecución".

De esta manera, no permita que disminuya el esfuerzo o que deje las cosas a la mitad. Empújelo sutil y consistentemente, de manera firme, hacia sus metas. No permita la postergación. No sea sarcástico ni lo castigue emocionalmente, haciendo bromas sobre sus errores o comparándolo con otros o, peor aún, reclamándole eventos históricos en los que no cumplió con los objetivos.

Si su hijo/a fracasa, su responsabilidad como *coach* es tomarlo de los hombros y levantarlo; ayudarlo a sacudirse el polvo y ponerlo nuevamente en el camino. No lo abandone, no lo señale, guíelo.

Necesita verlo como un *coach* que da el ejemplo y lo influye positivamente, en otros términos, funja como un buen consejero en la esquina del ring.

Debe ayudarlo a trazar grandes metas para que sepa visualizar los grandes proyectos y, a su vez, sepa comunicarlos con fuerza, convicción y el conocimiento suficiente que le permitirá persuadir, vender y convencer. Reitero: ¡La palabra tiene poder!

Construya en sus hijos el don de la palabra. La habilidad de comunicar determinará que su hijo/a sea un líder o un simple seguidor de la vida.

Su responsabilidad como *coach* será enfrentar a sus hijos al reto de hablar con sentido y aprender a usar la palabra de forma inteligente para que transmita al grupo la fuerza de su liderazgo.

✐ Comunicación efectiva

Del tema de comunicación podría escribir un libro completo, dada la complejidad que ello tiene en las relaciones interpersonales. Sin embargo, sólo quiero compartir aquellas ideas que considero fundamentales para que un joven aprenda a ser un buen líder de grupo.

La comunicación se da cuando existe una buena relación entre las personas, de otra forma, las opiniones se polarizan y las personas juegan a que uno gane y el otro pierda.

Es decir, uno insiste en su punto de vista con tal de ganar, sin importarle la posición del otro y, por tanto, este modelo no contribuye a cultivar la comunicación efectiva.

Lamentablemente, nuestra sociedad promueve una cultura de ganar a corto plazo. Una vida de oportunismo, de "listos", de "vivos", de los que violentan cualquier principio con tal de lograr lo que quieren, en pocas palabras, una sociedad con valores a la carta donde el fin justifica los medios.

Por tal razón, es importante enseñarles a nuestros hijos que la relación de un líder con su grupo no es una relación a corto plazo, donde el modelo no corresponde con el principio de la relación líder/grupo.

En otras palabras, la cultura de ganar crea en la mente de los jóvenes la idea de que la única forma de ganar es a partir de que el otro pierde: "¿Si tú no pierdes no comprendo cómo puedo ganar?".

Esto induce a la confrontación, a la polarización extrema de ideas y al deterioro de la relación con las otras personas. También, esta forma errónea de pensar implica que para ganar, hay que vencer, con lo que vivirá toda su vida compitiendo y no cooperando, dificultando la posibilidad de un buen liderazgo.

El autor William Ury, en su libro *Obtenga el sí*, aconseja aplicar el principio de: "Separe el problema de las personas". Esto es, que en la discusión de un tema uno debe ser duro con el problema y suave con las personas.

> "El secreto de un líder es su capacidad de persuadir masas."

Desde esta perspectiva, los hijos deben entender que somos criaturas con emociones, que tenemos percepciones diferentes y que se nos dificulta comunicarnos efectivamente y que no es nada fácil lidiar en una discusión con emociones encontradas o conflictivas.

En este sentido, los jóvenes frecuentemente tienen muchas dificultades para manejar y negociar sus emociones y terminan por no obtener lo que querían.

Los tímidos o emotivos continuamente ceden y se dejan ganar por otros que son más aguerridos y que buscan sólo ganar. Tal situación afecta su autoimagen, su valía personal y terminan por encerrarse en sí mismos y, en el futuro, no vuelven a intentarlo.

En el liderazgo es importante que su hijo/a aprenda a defender sus puntos de vista y sus opiniones, a conciliar ideas y resolver polarizaciones. El resultado dependerá, en gran medida, de la buena relación que lleve con sus amigos.

✐ Cuidar de sus amigos

La relación de su hijo/a con sus amigos será una relación a largo plazo si cultiva la amistad. Cuando negocie con sus amigos, con un maestro o con un desconocido, deberá comprender, como dice William Ury, que la relación entre el tema a negociar y las conductas humanas tienden a confundirse.

Estamos acostumbrados a mezclar ambos aspectos, de modo que podemos herir las emociones de la otra persona y enemistarnos por temas poco relevantes. Su hijo/a debe aprender a separar el problema de las personas, lo que será fundamental para la construcción de su liderazgo personal.

Desarrolle la empatía en su hijo/a

La empatía se define como la capacidad de comprender los sentimientos de la otra persona sin estar obligado, necesariamente, a estar de acuerdo con la otra persona.

Si se quieren mantener buenas relaciones con los demás, la empatía ayudará a las negociaciones que se tengan. De modo que debe enseñarle a ponerse en los zapatos de las otras personas.

Dice la historia que los indígenas de las tribus apaches que habitaban en la frontera con Estados Unidos aplicaban este principio de comunicación empática, a pesar de tener fama de muy aguerridos y sanguinarios: cuando ellos querían expresar su amistad o que estaban de acuerdo con la otra persona, se quitaban sus mocasines con el fin de que el otro se los pusiera.

Si construye en su hijo la habilidad de ver las situaciones como son percibidas por la otra parte, le ayudará a que en la vida sea un buen negociador, ya que será capaz de ponerse los mocasines de los demás.

En este sentido, no basta con saber que todas las personas pueden tener un punto de vista diferente, sino que si su hijo/a desea influir en la otra persona, necesita comprender, empáticamente, el poder del punto de vista de sus semejantes.

Esta será una labor difícil para convencer a sus hijos, pero es necesario que luche por enseñárselos, con el fin de que lo practiquen.

Estimule a su hijo/a a ser buen comunicador

1. Estimule en su hogar el arte de la conversación.
2. Seleccione deliberadamente temas para conversar con sus hijos.
3. Cuide su tono de voz, no los inhiba.
4. Aprenda a escuchar a sus hijos.
5. Haga que sus hijos representen obras de teatro en su hogar.

6. Invítelos a que tomen cursos de oratoria en más de una ocasión.

7. Enséñelos a ser educados cuando se comuniquen con los otros.

8. Enséñelos a considerar la opinión de otros.

9. Haga juntas para resolver, en conjunto, los problemas de familia.

10. Invítelo a que participen en discusiones positivas sobre temas del hogar.

11. Invítelos a solas a los lugares que más le gustan y escúchelos para entender mejor su vida.

12. Escúchelos con atención.

13. Comparta con ellos conversaciones largas y buenas lecturas.

14. Discuta y analice temas de interés político, social, educativo, cultural, etcétera.

15. Aliéntelos a que socialicen.

16. Enséñelos a ser receptivos con otras personas.

17. Estimúlelos a improvisar y a tener iniciativa en la vida.

18. Cómpreles libros de autores que lo ayuden a pensar en grande.

19. Póngase en su lugar para entender sus puntos de vista.

20. Enséñeles la importancia de tener empatía con las demás personas.

21. Reúnase una vez al mes, a solas, para escuchar sus inquietudes.

22. Estimule el intelecto de sus hijos.

23. Promueva una relación cálida con su hijo/a, la cual debe basarse en una buena comunicación.

24. Instrúyale en no reaccionar a las explosiones emocionales de los demás.

25. Enséñelos a perdonar y a olvidar rencores.

26. Discuta con su hijo/a temas de actualidad, del país, de la economía, de la sociedad.

27. Motívelo a que tenga una cultura más amplia que la de su escuela.

28. Incúlquele a utilizar un lenguaje adecuado.

29. Haga una junta mensual en su sala para analizar temas de la familia y convivir.

30. Llévelo a todas las juntas, reuniones y fiestas que le sea posible.
31. Invítelo a sus viajes cuantas veces le sea posible.
32. Estimúlelo a que haga deportes de contacto físico.

Aporte otras conductas que puedan mejorar la capacidad de comunicación de sus hijos:

_____

_____

_____

_____

_____

_____

Conductas que impiden que su hijo/a sea un buen comunicador

Como padres podemos inducir a nuestros hijos a ser malos comunicadores, o a ser una personas reservadas, tímidas o atemorizadas sin que usted tome conciencia de ello.

Analice las siguientes conductas que impiden que su hijo sea un óptimo comunicador:

1. Negarse a aceptar cualquier comportamiento de su hijo que no sea como el suyo.
2. Comparar sus habilidades de comunicación con la de otros (hermanos, amigos, compañeros, etcétera).
3. Decirles que no importa si tienen temor y que con los años cambiará.
4. No ayudarlo a disminuir su timidez.
5. Pensar que así es él, que nació sin facilidad para comunicarse.
6. No ayudarlo a desarrollar su capacidad de escucha.

7. No trabajar en mejorar su confianza personal.

8. Hacerle bromas sobre su falta de habilidad verbal.

9. Comprarle indiscriminadamente todo lo que quiera sin negociar.

10. No estimularlo a que se interese por tratar a otras personas.

11. No ayudarlo a expresar sus ideas y usted siempre hablar por él.

12. No recomendarle el frecuentar a sus amistades.

13. No corregirlo cuando le falta el respeto a los demás.

14. Enseñarle a vencer a otros a partir de minimizarlos.

15. Inculcarle el principio de que otros tienen que perder para que el gane.

16. No corregirlo cuando siempre quiere tener la razón.

17. Estimularlo a que sea terco e inflexible en las discusiones.

18. Dejar que manipule durante las discusiones para tener la razón.

19. Dejar que critique y hable mal a espaldas de las personas.

20. Que no aprenda a pedir perdón por sus errores.

21. Que no lo corrija si demuestra poco interés por la vida de los demás.

22. Dejar que sea poco considerado y respetuoso con sus abuelos, tíos o hermanos.

23. Permitir que sea prepotente y arrogante.

24. Permitir que utilice un mal lenguaje cuando se enoja o discute.

25. Dejar que sea poco comunicativo o introvertido y que usted sólo diga: "Ya se lo he dicho, pero no me hace caso".

Escriba otras actitudes que considere que estén limitando el desarrollo de la comunicación en su hijo:

_____

_____

_____

_____

_____

_____

Conclusiones

La habilidad de comunicación es, sin lugar a dudas, el tema más difícil de enseñar. Una de las razones se debe a que se trata de un proceso de cambio interno en el que se necesita ser casi psicólogo para entender cómo piensa su hijo/a.

Desarrollar la habilidad de comunicación también es difícil porque usted puede tener puntos de vista muy distantes de la nueva generación, lo que provoca que ni los padres ni los hijos tengan temas comunes que compartir. Sin embargo, el liderazgo exige que su hijo/a sea un buen comunicador de ideas; un vendedor de la visión, de los planes, de las metas, que sepa negociar.

Tal habilidad requiere de sus hijos el aprender a comunicar creando interés y motivando a los demás. Por ello, le reitero mi sugerencia sobre enviar a sus hijos a cursos de oratoria, de expresión corporal, talleres de teatro.

Necesita sobrevivir por sí mismo y la comunicación surge cuando hay confianza.

Muchos hijos quieren mucho a sus padres, pero cuando se trata de temas personales se los comentan a sus amigos o amigas porque temen a unos padres que no se han ganado su confianza. Si desea abrir un canal de comunicación con ellos, creé confianza. Hable de temas comunes, afines. Escuche sus inquietudes. Involúcrese con sus intereses.

Créame, esta forma de proceder con ellos será crucial para construir la estructura de liderazgo que necesita para triunfar en la vida.

Reflexiones

- He aprendido que la comunicación es el recurso más importante del poder personal.
- Haz algo bueno por personas que nunca lo esperarían de ti.

- No hay nada más hermoso que decirle a nuestros hijos lo buenos que son y cuánto se confía en ellos.
- Los hijos deben saber que es bueno en la vida tomarse un año sabático y leer sobre temas relacionados con la comprensión del ser humano.
- No pierdas el tiempo respondiendo las críticas de los demás.
- Reconoce a las personas en público, reclámeles en privado.
- Nunca menosprecies las oportunidades de reconciliar relaciones.
- Nunca digas no antes de escuchar la historia completa.

Si desea profundizar en el tema, le sugiero leer el libro *La inteligencia emocional de los niños* de Lawrence E. Sahapiro.

CAPÍTULO DOCE

La semilla del trabajo en equipo

"Comprenderá que los líderes no construyen sus grandes éxitos en la soledad. La sinergia es una habilidad necesaria en ellos para construir soluciones superiores cuando interactúe en grupo. La vida en comunidad es la norma de convivencia que rige la cotidianidad humana. El éxito en ella será la génesis de la realización de sus hijos".

*El éxito no se alcanza solo, o se hace
en conjunto, o no se alcanza.*

W. E. Du Bois

EL TRABAJO EN EQUIPO es la capacidad que permitirá a sus hijos producir resultados superiores en la vida. Sin embargo, algunas personas creen que pueden alcanzar sus metas sólo con su esfuerzo personal. Pero la verdad es que sus hijos deben comprender que para alcanzar resultados superiores necesitan de otras personas.

De modo que debemos informar a nuestros hijos que las evidencias históricas han demostrado que los grandes líderes han logrado sus hazañas

gracias a la asistencia y ayuda de mucha gente, motivando a otros hacia el mismo objetivo.

No podría concebirse a un estadista alcanzando, él solo, los objetivos de su país. Como tampoco podría concebirse que un líder pudiera alcanzar los objetivos de su empresa apostando a la individualidad. Por eso, se requiere de la fuerza de la sinergia, de ese impulso que surge cuando varias personas se comprometen con un propósito concreto.

> "Todos necesitamos un grupo detrás de nosotros para compartir las victorias y mejorar nuestros defectos".

⌒ Los amigos de sus hijos deben ser sus amigos

Una forma de instruir a sus hijos en la virtud del trabajo en equipo es reunir a sus amigos en su casa y que sepan que son bien recibidos. Mantener a sus hijos rodeados de otros amigos le permitirá aprender de las condiciones de convivencia en grupo. Sea creativo, busque formas que induzcan a la convivencia. Por ejemplo, si sus hijos practican algún deporte, usted puede filmar los partidos e invitar a sus amigos a disfrutar de dicha filmación en casa. Hacer de sus amigos una comunidad en su hogar, educa la convivencia en grupo.

Reconocer la diversidad de amigos es la clave. Que aprendan a convivir no sólo con amigos cercanos, sino con compañeros de su escuela, de su comunidad o iglesia, de tal manera que si logra enseñarles a sus hijos a respetar y a confiar en los demás, desarrollarán la empatía necesaria para producir resultados en conjunto.

Hace poco, un buen amigo me comentó que decidió comprar una camioneta más grande que la que tiene para poder llevar a los amigos de sus hijos a su casa de campo los fines de semana.

Como verá, esa actitud define una disposición de contribuir con su hijo/a para que crezca junto a otros y no en soledad.

La habilidad de relacionarse con otros es la base de un buen liderazgo, por lo que sus hijos deben aprender a valorar la contribución de otras personas, así como a comprender sus preocupaciones.

Asimismo, deben aprender a demostrar aprecio y agradecimiento por el esfuerzo de otros. En concreto, un buen líder de grupo deberá:

1. **DEFINIR REGLAS**. Deberá aprender a determinar procedimientos, asignar responsabilidades y hacer que sus compañeros se responsabilicen de lo que dicen que van a hacer.
2. **DEFINIR METAS**. Debe aprender a estimular a otros para que cumplan con los objetivos y a trabajar juntos por las metas para que todos sientan que se benefician.
3. **RESOLVER PROBLEMAS**. Cuando surjan los problemas debe asumir la responsabilidad de resolverlos y no dejarlo en manos de sus amigos.
4. **DIALOGAR**. Que sepa dialogar, conversar, discutir los temas en grupo para que de esta forma desarrolle su capacidad de convencimiento.
5. **INSPIRAR**. Que pueda motivar a otros compañeros dando seguimiento a las cosas y estimulándolos a cumplir los compromisos.
6. **ORGANIZAR**. Que aprenda a organizar los eventos, fiestas, juntas y reuniones, inclusive de la familia.
7. **SOCIALIZAR**. Debe ejercer su capacidad de comunicarse, tener buena conversación y flexibilidad con la gente.
8. **ENSEÑAR**. Si sabe cómo comunicar, por añadidura, estará enseñando a sus amigos a desarrollar tareas.

Estas son habilidades que pueden ser desarrolladas en sus hijos, y cuanto antes mejor. No existe un límite mínimo de edad para ello. Usted como padre y *coach* de su hijo/a tiene la responsabilidad de encauzarlos por el camino de la construcción de resultados en conjunto.

Considere que estos conceptos deben ser enseñados con el fin de que su hijo/a los integre en su forma de ser. Si comprenden estas conductas, podrán reaccionar correctamente cuando alguien cometa errores.

Es usual que cuando alguien del grupo comete un error sea fuertemente criticado, pero si sus hijos aprenden los principios de las relaciones interpersonales podrán buscar soluciones y no culpables de los problemas.

> "Parte de la salud de un equipo es cuando se resuelven los problemas en conjunto en los momentos más críticos".

En consecuencia, la actitud sinérgica se desarrollará de forma automática en ellos.

La fuerza de la sinergia

Entrenar a su hijo/a a ser líder significa, en primera instancia, asimilar la habilidad de construir resultados junto con otros. En este proceso, la sinergia será el motor central del trabajo en equipo.

La sinergia significa que: "El resultado final conseguido por un grupo es mayor que la aportación individual de cada integrante".

Dicho en otros términos: "El todo es mayor que las suma de las partes".

Si su hijo/a comprende que sumando la contribución intelectual, las ideas, las opiniones de cada integrante pueden llegar a contribuir con una idea mejor que las que se propusieron individualmente; en ese momento, podrá alcanzar grandes resultados en su vida. En este sentido, a la sinergia se le define, también, como la actividad superior en la vida, ya que propicia que varias personas expresen puntos de vistas individuales y lleguen a ideas superiores.

La capacidad de un joven para producir resultados superiores en su vida proviene de su destreza en poner de acuerdo a las partes y, así, alcanzar un propósito común. Por esta razón, fue que analizamos en capítulos anteriores la importancia de desarrollar el *músculo* de la visión en sus hijos, ya que la visión compromete a la gente a luchar por un proyecto común, no importando si tienen puntos encontrados.

De aquí que sea tan importante que instruya a su hijo/a a abrir su mente y su corazón, escuchar posturas diferentes para encontrar la vía más factible que permita llegar a la meta que tiene él y su grupo. De esa forma, evitará la subordinación de una idea sobre otra, un punto de vista sobre otro. De no ser así, tal proceder llevaría a una discusión en la que unos ganen y otros pierdan y no logren lo que quieren como grupo.

La rivalidad y la competencia sólo llevan a la fricción y a la polarización, dejando en la mesa muchas ideas sin explorar.

Las personas que no tienen la capacidad para ser líderes siempre dejan mucho potencial sin usar. Es por eso que la sinergia requiere de profusa seguridad personal, en el entendido de que se trata de un proceso creativo con nuevas alternativas y no se sabe, exactamente, lo que va a suceder ni como terminará. Sin embargo, la incertidumbre creará inseguridad en su hijo/a sólo si no cuenta con un alto nivel de autoestima y seguridad personal.

Al respecto, resultará de mucha ayuda si comprende que la sinergia es un principio que aplica múltiples elementos de la vida cotidiana. Por ejemplo, nuestros ojos funcionan conjuntamente y el uso de ambos nos permite tener una visión en perspectiva y con más profundidad que si viéramos con uno solo. La complementariedad de nuestros oídos nos permite también identificar el lugar exacto en donde cae un objeto cuando hace ruido, algo que sería muy difícil de identificar con un solo oído. La sinergia de una pareja produce una familia. La complementariedad que existe en el matrimonio permite a las parejas pasar a un nivel superior de vida que cada uno, por su parte, jamás lograría.

Podríamos enumerar un sinfín de ejemplos donde la sinergia, de dos o más elementos, da cuenta de una eficiencia infinitamente superior que cuando actúan aisladamente, pero lo más importante es que su hijo debe comprender que todo en la vida se da en grupo, en familia, en vida social. Vivimos en comunidad a pesar de que muchos están educados para lograr sólo sus intereses individuales sin trabajar en los colectivos.

La escucha empática que vimos en la Semilla de la Comunicación se vuelve ahora muy importante.

La sinergia es, en sí misma, un proceso transformador colectivo, no consiste en un proceso de validar sólo tu idea o la mía, sino las ideas de ambos produciendo una solución superior.

Del mismo modo, la construcción de la sinergia requiere de autonomía y si su hijo/a es una persona dependiente de usted o de los demás, se le dificultará el proceso de cambio, ya que el trabajo en equipo se desenvuelve en una realidad interdependiente.

Inmersos en la soledad, en el egoísmo, en la búsqueda excesiva de intereses personales, no podrán llevar a cabo grandes proyectos. Es probable que las pequeñas metas no requieran de tanto esfuerzo colectivo, pero los proyectos cruciales de la vida, en la juventud o en la madurez, siempre serán producto del esfuerzo colectivo.

También debemos tener claro que los puntos de vista diferentes a los míos no significan rivalidad por el hecho de ser opuestos, sino que representan una oportunidad de enriquecer un mismo proyecto. No debe verlos como amenaza personal si el grupo está comprometido con el objetivo común. Simplemente pregúntele a su hijo/a: "¿Habrá algún beneficio adicional para todos tus compañeros si todos piensan igual?". La respuesta, indudablemente, será que no. Sólo con ideas diferentes se pueden encontrar otras alternativas. Lo opuesto no implica ir en contra de la persona, sólo es una visión diferente de lo que se discute.

Si su hijo/a comprende que discute para encontrar la idea que mejor resuelva el objetivo que todos están buscando, entonces llegará a ser un gran líder en la vida. Debe comprender que no discute sólo para tener razón, sino para encontrar la mejor idea. Con esta perspectiva sus discusiones serán procesos de indagación y no de disputa.

Sé que este proceso no es fácil. Hemos sido educados para tener la razón. Inclusive para muchas personas la seguridad personal emana de tener razón y no de buscar las mejores soluciones.

Suele pensarse que si tú tienes razón, entonces eres más inteligente que yo. Si aprueban tu idea y no la mía, entonces mis ideas no valen. Este falso modelo es el que nos limita para construir grandes soluciones en conjunto, ya que competimos unos contra otros y no cooperamos con ideas para producir alternativas superiores por medio del diálogo.

En resumen, si logra transmitirles a sus hijos este principio de cooperación sinérgica, habrá logrado un gran avance en su educación, ya que lo que importa en el mundo de los negocios no es sólo vencer, sino conciliar las partes para construir decisiones superiores.

Conductas que limitan el trabajo en equipo

Usted, como padre, puede influir en su hijo/a para que sea un mal integrante del equipo, sin saberlo. Analice las siguientes conductas e incluya aquéllas que, inconscientemente, aplica y que pueden limitarlo a la hora de mejorar su trabajo en equipo:

1. No aceptar los puntos de vista de otros.
2. Estimular que compita con compañeros del mismo grupo.

3. Permitir que sea aburrido o solitario porque piensa que él es así.

4. Estimularlo a discutir y jamás ceder.

5. Nunca motivarlo a participar en deportes de conjunto.

6. No orientarlo a que comparta con otras personas.

7. No demostrarle que el egoísmo le impide crecer en grupo.

8. Dejar que hable mal de los demás.

9. Dejar que critique sin fundamento a amigos y familiares.

10. Estimularlo a que sea arrogante y egoísta.

11. Inducirlo a que tome decisiones sin consultar con el grupo.

12. No darle permiso de que invite a sus amigos a la casa.

13. Permitir que juzgue sin conocer.

14. No participar en los eventos de sus hijos.

15. No acompañarlo a sus juegos y no involucrarse en ellos.

16. Utilizar un tono de desconfianza hacia los demás.

17. Burlarse de las debilidades de los demás.

18. Amenazarlo por todo lo que no hace.

19. Aceptar que es tímido y no hay mucho que pueda hacer.

20. No corregirlo cuando, en todo momento, quiere tener la razón sin tenerla.

21. Ponerles apodos de sus debilidades.

> "Si tengo a las personas indicadas, no importa el objetivo que me asignen".

A continuación, reflexione y anote otras actitudes que haya identificado en usted y que limiten el desarrollo del trabajo en equipo en su hijo/a:

_____

_____

_____

_____

_____

_____

Conductas que favorecen el trabajo en equipo

1. Estimule a que desarrolle amistades en todos los ámbitos.
2. Haga que los amigos de sus hijos también sean sus amigos.
3. Invite a su casa a los amigos de sus hijos los fines de semana.
4. Estimúlelo a que participe en actividades de conjunto.
5. Festeje los éxitos con su grupo de amigos.
6. Estimúlelo a que forme parte de grupos diferentes de la escuela.
7. Oriéntelo a que invite a sus amigos a realizar trabajos de su escuela.
8. Enséñele a respetar a los integrantes de su grupo.
9. Enséñele a organizar tareas.
10. Felicítelo cuando haga algo en beneficio de otra persona.
11. Enséñele a compartir los éxitos con sus compañeros.
12. Edúquelo a no buscar culpables, sino a resolver problemas en conjunto con sus amigos.
13. Haga que participe en actividades comunitarias y de ayuda.
14. Edúquelo a que escuche a las personas mayores de la familia.
15. Motívelo a que escuche consejos de familiares.
16. Oriéntelo a que identifique las etapas de todo proyecto.
17. Edúquelo para ganar en grupo, evitando el egoísmo, la arrogancia y el oportunismo.
18. Demuéstrele que las personas pertenecen a los grupos cuando son respetados.
19. Enséñele a definir metas y delimitar fechas para cumplir con sus compromisos.
20. Edúquelo para resolver, no sólo para decir que no se puede.
21. Enséñele a tener una visión antes de actuar en grupo.
22. No permita que se enfade cuando lo contradigan y explíquele por qué.
23. Invítelo a que abra su corazón a otras personas.
24. Estimúlelos a que hagan fiestas en su casa y participe también en ellas.
25. Demuéstrele cómo motivar a las personas.

26. Enseñe a sus hijos habilidades sociales efectivas.

27. Eduque a su hijo a ser un buen amigo.

Sume otras conductas que puedan mejorar la capacidad de trabajo en equipo de sus hijos:

_____

_____

_____

_____

_____

_____

_____

_____

Conclusiones

El liderazgo no se construye en la soledad. Es un proceso que se construye junto con otros. Debemos comprender que el éxito se lleva a cabo junto con los demás, no es una opción.

Evitar formar conductas individualistas, egocéntricas, competitivas en nuestros hijos será la clave del éxito; aprenderá a desarrollar grandes proyectos en conjunto.

Si sus hijos comprenden que la falta de unidad suele reducir el crecimiento de las personas, mejor aún. Si reconocen que la sinergia enseña que las ideas opuestas ayudan a encontrar mejores perspectivas, siempre y cuando todos están comprometidos con el objetivo común, aceptarán que la diversidad nos ofrece otras posibilidades de crecimiento y no verá lo opuesto como una amenaza, sino como una gran oportunidad.

Por tanto, el objetivo de sus hijos se centrará en ser líderes que puedan crear grupos y organizaciones sinérgicas en las que el conjunto sea mayor que la suma de las partes. Si aprende estos principios, podrá ser un gran líder cuando tenga que producir resultados junto a otros.

- He aprendido que es imposible lograr algo sin la ayuda de los demás.
- He aprendido que los hijos nunca se sienten aburridos en compañía de amigos que lo aprecian.
- Cuando educamos a los hijos para centrarse en sí mismos, terminan teniendo una vida miserable.
- Nunca tomes decisiones cuando estés enojado.
- Tú mismo debes ser la persona más entusiasta que conoces.
- No se preocupe si no puede darle a sus hijos las mejores cosas. Regálele lo mejor de usted.
- La necesidad emocional más importante para una persona es sentirse apreciado.
- Cuida a las personas que amas.
- Recuerda que nadie hace las cosas solo.
- Demuestra un profundo reconocimiento por aquellos que te ayudaron.
- Encuentra el momento preciso para hacer sentir bien a los demás.
- La manera más corta para hacer una viaje es compartiendo el momento con tus buenos amigos.
- No permitas que una disputa te haga perder una gran amistad.

CAPÍTULO TRECE

La semilla de la ejecución

"Aprenderá que, una vez tomada una decisión,
las cosas se hacen, no se postergan ni se buscan
justificaciones por su incumplimiento.
La diferencia entre el éxito y el fracaso, al final del
camino, radicará en los resultados que produce,
no en las intenciones que tiene."

El éxito es el resultado de la perfección, del trabajo duro, del aprendizaje de los fracasos, de la lealtad y la persistencia.

COLIN POWELL

SABIDO ES QUE LOS GRANDES líderes son reconocidos en la historia por los resultados que produjeron. Los hechos hablan de él y de sus hazañas. No hay historias de líderes que no estén relacionadas con los hechos. Los líderes están ahí para producir resultados, no por otra razón.

Los líderes son capaces de destrabar problemas, solucionar conflictos y conciliar las partes para lograr resultados. Es el mundo práctico del líder, el mundo de los hechos y no el de las palabras. Se trata del pensamiento que se transforma en realidad.

Es en este momento cuando la verdad habla. La Semilla de la Ejecución es la que determinará el triunfo o el fracaso. El líder tiene ante sus ojos una realidad cruda que enfrentar, en la que o logra resultados o es un líder gris.

La mentalidad de ejecución es, en los jóvenes, la mentalidad de producir resultados y no pedir disculpas por no haber cumplido. Tienen claro que las buenas intenciones no ganan las batallas de la vida.

> "Debemos creer que es posible alcanzar nuestros sueños y comprometernos a alcanzarlos"

Siempre digo que Pelé ha sido considerado el rey del futbol porque en noventa minutos anotaba más goles que ningún otro. Cualquier persona podría meter los mismos goles de Pelé si le dan toda la vida para hacerlo.

En suma, la expectativa que se tiene de un líder es que haga lo que prometió hacer en las condiciones que se pactaron. El éxito de sus hijos en la vida dependerá de su habilidad para producir resultados a través de un equipo de trabajo. Es decir, si su hijo/a tiene buenas ideas, pero vive posponiéndolas o justificándose o no tiene suficiente iniciativa o valentía para aceptar los retos que implica obtener resultados, su bondad no servirá de mucho para conseguirlos.

Si su hijo/a aprende los principios de la ejecución, será una persona capaz de reaccionar rápidamente ante el fracaso; de tomar nuevas decisiones cuando las situaciones se tornen complejas; buscará la ayuda y la colaboración de sus amigos para producir los resultados y no esperará que las condiciones sean mejores, sino que actuará a pesar del entorno.

Por lo anterior, será fundamental que ayude a sus hijos a construir su personalidad de líder para que puedan llevar a cabo sus decisiones. De otro modo buscarán culpables o pospondrán la producción de resultados porque las condiciones no fueron propicias, aunque en el fondo, no contaron con el carácter para enfrentar los riesgos y los grandes retos.

> "El optimismo es una herramienta que ayuda, debemos aprehenderla". "Cuando se tiene una visión y un plan sólido, nada puede limitarte".

Por tal motivo, necesitará desarrollar en sus hijos una actitud espartana ante la vida, con el fin de que no se doblieguen ni se den por vencidos en la primera derrota.

El propósito es que ellos aprendan el valor de la participación de usted, como el responsable de la construcción de una mente diferente.

La fortaleza de su hijo/a surgirá cuando vea que usted cumple sus promesas como padre y la ejecución será, entonces, la herramienta para llegar a los resultados.

◌ Perseverancia

La perseverancia representa un valor capital para la Ejecución. Una vez tomamos una decisión, no hay excusas: el *músculo* de la perseverancia tiene que ser ejercitado y su hijo necesitará mantener el tesón suficiente para cumplir su palabra.

Observe si su hijo es de los que comienzan un juego y no lo termina; si son las doce de la noche y no ha terminado su tarea, es más, nunca la inició. Observe si cumple sus promesas con los demás y cumple con los proyectos de su escuela. Si cumple con lo que le solicitan o lo posterga. La falta de constancia se nota y será importante identificarla para intervenir oportunamente.

Los jóvenes que abandonan su tarea ante las primeras dificultades, cambian de actividad rápidamente y se distraen con facilidad, perdiendo el foco de lo que están haciendo, denotan poca voluntad.

Ante tales circunstancias, se le presenta a usted una labor muy ardua qué resolver. Sin embargo, si logra superarla, podrá sentirse satisfecho de haber cumplido con el propósito de esta Semilla que determina la diferencia entre ser del montón o ser diferente a los demás por atreverse a cumplir con sus propios anhelos de vida.

Con la firmeza suficiente, debe educar a sus hijos para que tengan metas a corto y a largo plazo. A definir y planear tareas diarias, semanales, mensuales, anuales y, para ello, debe presentarle las metas como un reto que lo motivará y no como una carga.

Algunas estrategias efectivas para lograr que la Semilla de la Ejecución germine, consisten en que usted reconozca y premie los logros de sus hijos. Asimismo, negociar los medios y los recursos con los que se cuentan para apoyarlos en la construcción de resultados. Pero cuidado, no se trata de resolverles la vida subestimando su capacidad, sino de darles las herramientas para que aprendan a valerse por sí solos.

Desde esta perspectiva le aconsejo también que hable con sus maestros, con el entrenador del deporte que practica y se involucre en la vida de su hijo. Ellos podrán ofrecerle parámetros para potenciar su avance.

En esta Semilla, el reclamo, la recriminación, las llamadas de atención agresivas, las acciones intimidatorias o los castigos constantes sólo lo alejarán del objetivo y lo desanimarán sin más. Pero no me mal entienda. Lo citado es algo muy distinto de la disciplina, de una disciplina con dignidad donde la intimidación emocional no es el camino para que las cosas se hagan.

Dado el caso, resulta más útil que su hijo se esfuerce mucho en pocas cosas, que poco en muchas responsabilidades. No lo sature. Sea tolerante y respételo. Debe considerar que toda ayuda innecesaria crea limitaciones. Sobreprotegerlos los debilita.

Los padres queremos tanto a nuestros hijos que no deseamos que sufran o que pasen por momentos difíciles. Sin embargo, la-

> "La grandeza surge cuando iniciamos algo que trascenderá nuestras vidas".

mento decirle que pretenderlos mantener en una burbuja no los beneficia en nada si quiere que sean líderes de su vida.

Hay una extraordinaria fábula que describe lo expuesto:

Un día, una persona que iba por el bosque vio un capullo colgando de la rama de un árbol. Se detuvo pacientemente a observarla y vio que un pequeño animalito quería salir de él.

Se estaba gestando la metamorfosis de la oruga en mariposa.

Viendo que la mariposa luchaba por salir de ella, y no podía, esta persona tomó una pequeña navaja y le cortó una parte del capullo para que saliera y luego cortó otro poco para ayudarla aún más.

Ya, en esas condiciones, la mariposa logró salir con facilidad, pero al intentar volar no pudo tomar vuelo, se cayó y murió.

¡Cómo es posible! Después de haberle ayudado con tanto cariño, se muere.

La naturaleza es sabia. La dificultad que tenía la mariposa para salir era un proceso natural, necesario para desarrollar la fuerza de sus alas, pero ello no se logró porque "amablemente" le ayudaron a salir.

La mariposa nunca conoció la fuerza necesaria para volar y murió.

No sea paternalista. No caiga en falsas justificaciones, escudando su sobreprotección porque no quiere que sus hijos pasen por lo que usted pasó.

No se preocupe tanto. Ellos nunca van a pasar lo que usted pasó. Primero, porque su educación es distinta, viven en un mundo diferente al que usted vivió y son personas diferentes, por lo tanto, déjelos crecer y experimentar lo que les toca y no haga hijos débiles con aspiraciones de héroes.

El síndrome de la postergación

El Antiguo Testamento nos dice: "Para cada cosa hay un momento. Hay tiempo para nacer y tiempo para morir, tiempo para plantar y tiempo para recoger lo que plantamos". En otras palabras, la vida nos da un tiempo para cada cosa.

Si su hijo/a usa su tiempo de forma ineficaz, se perderán en esta vida, ya que una vez habituado a posponer planes, se sentirá inconforme y estresado al saber que ya no le alcanzó el tiempo para hacer lo que tenía que hacer.

Cuando los jóvenes posponen las cosas creen estar ganando tiempo, pero, por el contrario, están condenándose a acabar con el tiempo que les queda para concluir sus tareas.

El hábito de la postergación puede minar los anhelos de la vida sin saberlo. Cuando los jóvenes posponen, crean excusas para explicar por qué no hicieron las cosas. Inclusive algunos hacen bromas de su propia postergación y, al final, cuando se habitúan a la postergación buscan que los comprendan, se sienten mal con ellos mismos y deterioran la imagen que tienen de sí mismos.

Al respecto, a usted, de manera intencional, le corresponde orientar a sus hijos para que tomen conciencia del impacto que causa la postergación en su vida y, a la vez, enseñarles que las cosas deben hacerse en el momento preciso, ya que las oportunidades que perderán en la vida por su falta de acción los puede llevar al fracaso y a una vida sin grandes logros.

Algunos, por ejemplo, postergan ir al dentista, conocer nuevos amigos, decir lo que querían decir en la clase o en una reunión. La postergación les hace dudar de sí mismos y comienzan a tenerle miedo al fracaso, evitando, así, situaciones que les representen un reto o un riesgo. Por otra parte, los jóvenes cuando postergan quieren evitar la confrontación, la com-

"Busca inteligencia y juicio, pero, ante todo, capacidad para anticiparte a lo que habrá al doblar la esquina".

163

petencia y la incertidumbre. Cuando se acostumbran a postergar anhelan las mismas cosas que postergan o, incluso, desean ser reconocidos por lo que hacen.

Ahora bien, la postergación puede presentarse en diferentes niveles y en diferentes situaciones. Desde sentirnos incómodos, hasta inmovilizarnos por temor a actuar.

De modo que si observa una tendencia de postergación crónica en su hijo/a, será necesario que trabaje de inmediato porque es un defecto que no tiende a mejorar ni a resolverse con los años.

Muchos padres, cuando escuchan las excusas de sus hijos, tratan de justificarlos siendo amables con ellos e intentan que no se sientan mal por no haber terminado lo pactado en tiempo y en forma.

Las típicas excusas que manejan los jóvenes cuando no cumplen con sus tareas son: que su perro se comió el cuaderno; que olvidó la tarea en el auto de su mamá; tuvo clases de futbol hasta tarde; que sus padres son pobres y tiene que trabajar para ayudarlos; otros hasta enferman a un pariente. Pero ¿qué motiva que los jóvenes posterguen?

La actitud de postergar en los jóvenes puede ser por varios motivos. Algunos, a causa de tener problemas de aprendizaje, desarrollan una aversión al estudio.

La televisión, los videojuegos, contribuyen a crear una falsa realidad y cuando las cosas en la vida real no les son tan fáciles, entonces se enojan. Otra causa es cuando los padres son muy desorganizados y también manifiestan el síndrome de la postergación,

de tal modo que los hijos aprenden en casa el modelo.

Le sugiero que analice si su hijo/a tiene en su hogar una modelo de postergación en usted, en su pareja o en su hermano mayor.

Tome en cuenta que el 90 por ciento de los jóvenes postergan las cosas y es su responsabilidad inculcarles una actitud de disciplina, de ejecución y responsabilidad para cumplir con sus compromisos.

Usted, como *coach*, tiene la capacidad para enseñarles cómo hacerlo, si desea que sus hijo/a se transforme en un líder que produce resultados y, sobre todo, recuerde que un líder se reconoce por lo que hace, por el propósito que logra concretar, no por sus buenas intenciones.

✐ Cómo identificar el síndrome de la postergación en su hijo/a:

Encierre en un círculo el número de la aseveración que más describe a su hijo/a. Si se le dificulta el ejercicio, invite a su hijo/a a responderlo con usted. Les permitirá tomar conciencia de su realidad. Ejemplo:

3. Es una persona desorganizada   ① 2 3 4

✓ Diagnóstico

1. Casi Nunca	3. Frecuentemente
2. Ocasionalmente	4. Casi Siempre

ASEVERACIONES	PUNTAJE
1. No presta mucha atención a los compromisos.	1 2 3 4
2. Odia tener que resolver problema	1 2 3 4
3. Es una persona desorganizada	1 2 3 4
4. Con frecuencia llega tarde a los compromisos	1 2 3 4

5. Evita expresar lo que siente   1 2 3 4
6. Se organiza para realizar algo, pero luego lo
   deja a medias   1 2 3 4
7. Evita hacer cosas donde no está seguro de
   que vaa tener éxito   1 2 3 4
8. Frecuentemente deja las cosas para otro día   1 2 3 4
9. Evade hacer las cosas que no le gustan   1 2 3 4
10. Evita las confrontaciones o conflictos   1 2 3 4
11. Se enoja mucho consigo mismo   1 2 3 4
12. No cumple con las promesas que hace   1 2 3 4
13. Se considera una persona aburrida   1 2 3 4
14. Le hace falta más energía para hacer las cosas   1 2 3 4
15. No termina a tiempo sus compromisos   1 2 3 4
16. Pierde la noción del tiempo y se atrasa en
    lo que hace   1 2 3 4
17. Se lo piensa demasiado antes de hacer algo   1 2 3 4
18. Inventa excusas para no hacer las cosas que
    no le gustan   1 2 3 4
19. No confía mucho en sí mismo   1 2 3 4
20. No se esfuerza por dar seguimiento
    a sus planes   1 2 3 4
21. Cuando tiene miedo de fracasar deja las
    cosas a un lado   1 2 3 4
22. Cuando se enoja ataca a los demás   1 2 3 4
23. Condiciona para hacer las cosas y luego
    no cumple   1 2 3 4
24. Hace planes y luego no los lleva a cabo   1 2 3 4
25. Se siente una persona poco cumplida   1 2 3 4
26. Se siente culpable cuando no hace las cosas   1 2 3 4
27. No le gusta planear las cosas   1 2 3 4
28. Siente que debería tener más éxito en su vida   1 2 3 4
29. Cuando deja de hacer algo se siente mal   1 2 3 4
30. Deja las cosas para el último momento   1 2 3 4

_____ De 30 a 50 puntos: es una persona muy eficiente.

_____ De 51 a 71 puntos: tiene algunos problemas de postergación.

_____ De 72 a 95 puntos: tiene muchos problemas de postergación.

_____ Más de 95 puntos: tiene problemas serios de postergación. Puede sentir que no avanza.

Una vez obtenidos los resultados, le sugiero revisar, nuevamente, cada una de las 30 conductas y seleccione la que considere que necesita atender de inmediato. No lo postergue. Trabaje en ello de inmediato. Coméntelo con su hijo/a y actúe.

Acciones

Si desea trabajar en la eliminación del síndrome de postergación de sus hijos, le aconsejo:

1. **IDENTIFICAR** qué lo motiva a continuar con la postergación.
2. **ANALIZAR** sus patrones permanentes de postergación.
3. **DESARROLLAR** una actitud que promueva los incentivos para el cambio.
4. **DISEÑAR** una estrategia para evitar futuras postergaciones.
5. **DEFINIR** prioridades, definir un programa de trabajo y seguir el proceso.
6. **EJECUTAR** un plan para impedir el autosabotaje de sus objetivos.
7. **MEDIR** los avances en el cumplimiento de sus objetivos.
8. **PREMIAR** sus éxitos y sus avances.

Conductas que mejorarán la ejecución en su hijo/a.

1. Eduque a sus hijos para ser competentes.
2. Déles mucho reconocimiento por sus resultados.
3. Póngales fechas límites.
4. Defina las consecuencias del incumplimiento.
5. Defina, en conjunto, el proceso que llevará a cabo.
6. Sea específico en la definición de prioridades.
7. Clarifique las metas a cumplir.
8. Comprométalo para cumplir en tiempo y con calidad.
9. Ayúdelo a enfocarse en las cosas importantes y no sólo en las urgentes.
10. Identifiquen juntos los síntomas de la postergación.
11. Identifiquen, en conjunto, qué áreas tiende a postergar con facilidad.
12. Reconózcale sus habilidades de ejecución.
13. Ayúdelo a organizarse y a identificar las prioridades.
14. Estimúlelo a que lleve un reporte de sus avances.
15. No acepte que deje para mañana los compromisos.
16. Edúquelo para que tenga un autocontrol de su desempeño.
17. Estimúlelo a que trabaje en lo que más le cuesta.
18. Ejercítelo a terminar las cosas que ha dejado pendientes
19. Enséñele a tener múltiples soluciones para un mismo problema.
20. Identifiquen, en conjunto, a qué le teme cuando no termina las cosas a tiempo.
21. Ayúdelo a concentrarse en las soluciones, no en los problemas.
22. Reconozca en público, en familia y con amigos, sus logros.
23. Motívelo a practicar deportes.

Acto seguido, sume otras conductas que considere puedan mejorar la capacidad de Ejecución de sus hijos:

_____

_____

_____

_____

_____

_____

✎ Conductas que limitan la ejecución de resultados en su hiijo/a.

Es importante saber que como padres podemos inducir a nuestros hijos a ser malos productores de resultados sin darnos cuenta, por lo que le propongo analizar las siguientes conductas y, al término, introduzca aquellas que, inconscientemente comete y que pueden estar limitando su Ejecución.

1. Aceptar sus justificaciones y excusas consistentemente.
2. Aceptar que no tome decisiones por miedo.
3. No ayudarlo a organizarse y limitar sus acciones.
4. Considerar que porque son jóvenes deben disfrutar de la vida.
5. Hacer caso omiso de las sanciones de la escuela por incumplimientos.
6. Quitarle problemas para que su vida sea más fácil.
7. No hacerle notar conductas de indecisión.
8. No apoyarlo para que tome mejores decisiones.
9. Pasar por alto que tiene ideas vagas sobre lo que desea hacer.
10. No instruirlo para que tenga un análisis detallado de los problemas.
11. Aceptar que siempre tome decisiones sin asumir riesgos.

12. No corregirlo cuando frecuentemente culpa a los demás de sus errores.

13. Permitir que postergue y no ayudarlo a reflexionar.

14. No ayudarlo a que tenga expectativas reales.

15. Recomendarle que actúe sin que tenga un plan definido.

16. Que tenga el síndrome de postergación crónica y no lo ayude.

17. Promover que no se anticipe a los problemas potenciales.

18. Que se culpe a sí mismo y a su incapacidad cuando no tiene éxito.

19. Si es muy perfeccionista, sus errores pueden dañar la imagen que tiene de sí mismo al grado de volverse obsesivo.

20. Dejar que no haga cosas porque tiene temor a equivocarse.

21. Justificar su actitud de postergación y expresarle amabilidad para que no se sienta incómodo.

22. Dejarlo solo y que no haga un plan de acción de los compromisos que con frecuencia pospone.

23. Criticarlo o quejarse de su falta de iniciativa y no hacer nada por ayudarlo.

A continuación, escriba otras actitudes que considere que usted tiene y que limiten la capacidad de Ejecución en sus hijos:

_____

_____

_____

_____

_____

_____

Conclusiones

La Ejecución es un hábito que sus hijos necesitan construir en su mente para que, en consecuencia, actúen. Por tanto, es de suma importancia que incorpore en sus hijos el hábito de cumplir con los compromisos; de sentir la pasión que surge cuando se cumplen los objetivos en tiempo y con calidad.

En este sentido, comprender que hasta en los deportes la diferencia entre el primer lugar y el segundo puede representar todo en su vida y, económicamente, millones.

Si comprenden que el primer paso hacia el fracaso es la postergación, entonces comprenderán la trascendencia de luchar porque las cosas se hagan.

Para ilustrar lo anterior, sepa usted que estudios realizados en la Universidad de Pennsylvania han comprobado que para el éxito de un líder no basta la inteligencia. Se requiere de la constancia y de la perseverancia para lograr resultados, ya que el mundo está lleno de jóvenes inteligentes que no logran sus metas por falta de ejecución.

No hay nada más común que conocer a una persona inteligente sin herramientas para producir resultados, por lo que la habilidad de ejecución es un aspecto de la inteligencia que debe estimular en sus hijos.

Cuando sus hijos observen a una persona que a pesar de las adversidades logra sus metas, que a pesar de ello las consigue, entonces comprenderán que están ante un líder perseverante y tenaz.

La perseverancia les permitirá a sus hijos ganar las grandes batallas de la vida. El líder está para producir resultados y por tal razón tiene esa responsabilidad de mando que le permite dirigir a su grupo hacia un resultado meritorio.

Reflexiones

- Los hijos deben aprender a escuchar. Las oportunidades a veces hablan muy bajito.
- Le aconsejo tener el reloj adelantado cinco minutos.
- No debe privar a las personas de la esperanza. Puede ser lo único que tengan.

- Es mejor buscar la excelencia que la perfección.
- Nunca se dé por vencido en lo que quiere. Las personas con grandes sueños tienen más poder que aquéllas que lo tienen todo.
- Estimular a los hijos a tener un trabajo de medio tiempo después de los 16 años es bueno para su educación.
- Acepte perder una batalla para luego ganar la guerra.
- No postergue. Haga las cosas cuando necesiten ser hechas.
- Cuide su reputación. Es el activo más importante.
- Haga más de lo que se esperaba de usted.
- No cometa dos veces el mismo error.
- El riesgo más grande en la vida es pensar en pequeño.

Si desea profundizar en el tema le sugiero leer los libros *Ejecución* de Ram Charam y *Formar hijos exitosos* de Víctor B. Cline.

CAPÍTULO CATORCE

La semilla de la riqueza

"Aprenderá que la mentalidad de emprendedor en la vida será fundamental para producir riqueza y para comprender cómo lograr su independencia financiera. Esta mentalidad será la clave para construir una vida centrada en la capacidad como líder de su propio destino".

UNA DE LAS PREOCUPACIONES más grandes de los padres es de qué va a vivir su hijo/a cuando sea mayor. Todos los padres se preocupan porque sus hijos tengan un nivel de vida mejor, que tengan seguridad, que tengan un empleo estable donde puedan crecer y tener éxito. Otros, más privilegiados, tienen un negocio que le heredarán, pero viven con la inquietud de si su hijo/a podrá continuar el negocio o lo llevará a la quiebra. En suma, la creación de riqueza es un tema fundamental para el futuro de nuestros hijos.

Con mis 32 años como consultor de empresas, he visto a miles de líderes, ricos y menos ricos, constructores de grandes imperios y sibaritas derrochadores de dinero y he comprobado que los grandes líderes se caracterizan por ser personas que saben hacer dinero.

> "Modelar la conducta de sus hijos será la piedra angular de su éxito en la vida".

Hasta el momento, no he conocido un líder pobre o que no sepa cómo vivir cómodamente. Los líderes saben cómo se maneja la riqueza, está en su código genético, en su ADN. Su capacidad para administrar las empresas son las mismas que aplican para administrar su riqueza personal.

Cuando se habla de riqueza, se establece una asociación natural con los líderes. La mentalidad de líder y la solvencia económica son términos con connotaciones semejantes, dado que siempre se ha visto en la práctica. Por tal razón, le sugiero formar en sus hijos dos aspectos que le ayudarán a construir el liderazgo en su vida:

I. Desarrollar su mente de emprendedor.
II. Desarrollar su inteligencia financiera.

Eduque a su hijo/a para ser un emprendedor

Hace algunos años se escribió un libro titulado *El fin del empleo*, en donde comenzaba a predecirse el fin de la mano de obra debido al acelerado crecimiento tecnológico y la globalización.

Hoy, los jóvenes están sintiendo la fuerza de este cambio. Cada día, las nuevas generaciones ven más difícil encontrar el empleo que desean de acuerdo con la carrera que estudiaron y con ingresos decorosos. Otros, sencillamente trabajan en el empleo que se pueda. Y así, cada año miles de jóvenes ingresan al mercado laboral con ganas de progresar, pero ni las empresas ni el gobierno tienen la capacidad para absorber a tantos jóvenes. Por lo tanto, muchos se frustran porque pasa mucho tiempo antes de conseguir el puesto que quieren y deben aceptar el sueldo que les ofrecen, por muy alejado que esté del que merecen.

De este modo, las empresas han tenido que aprender a hacer más con menos y, paradójicamente, cada día son más eficientes, tecnificadas y productivas. Hordas de competidores ingresan al mercado con nuevos productos, mejores precios y novedosas formas de comercialización, en cualquier parte del mundo. Miles de empleos son eliminados dada esta competencia y el nivel de eficiencia que necesitan las empresas para reducir sus costos es cada vez mayor. Sólo se salvan aquellos que son muy trabajadores y los que están dispuestos a dejar de doce a catorce horas diarias de su vida en una empresa.

Aquellos jóvenes que fueron educados por sus padres para que estudien y tengan un buen empleo, hoy duermen muy inquietos pensando en el momento en que lo perderán.

En el futuro, cuando sus hijos ingresen a las filas de buscadores de oportunidades en las empresas, el problema será aún mayor.

La tecnología avanza y continúa automatizando tantos procesos, que en poco tiempo los trabajadores de dedicarán a pastorear máquinas inteligentes sin requerir gente que las opere.

En los próximos años, el futuro tecnológico dejará en la calle a muchos trabajadores que no podrán sobrevivir en este mundo especializado.

Imagine por un instante la realidad que vivirán sus hijos cuando tengan la edad para ello. ¡El mundo será mucho más complejo!

Al respecto, el Dr. Peter Drucker, pionero de la administración, mencionó alguna vez que la seguridad en el trabajo ya es un recurso del pasado. Hoy día no hay lugar más inseguro que un empleo. Y estaba en lo cierto.

A diario leemos en los periódicos noticias sobre la reducción de empleos, ya sea por la nueva tecnología, por la globalización, por los chinos o porque tenemos un acuerdo de Libre Comercio que elimina los aranceles de los productos importados.

Pese a esta realidad, usted necesita construir en sus hijos una mente independiente, emprendedora, capaz de dirigir a otras personas para producir resultados.

Aquellos padres que crean que sus hijos tendrán estabilidad en un empleo y seguridad económica por el sólo hecho de haberles dado gran educación, estarán llevando a sus hijos a un callejón sin salida. No estarán entendiendo el mundo en el que viven.

Por estas razones, los jóvenes tienen un futuro muy complejo por el hecho de que, en nuestra época, pocos poseen una educación formal universitaria con especialidad, y hoy el mercado se encuentra saturado de jóvenes educados, pero sin trabajo, siendo cada vez más imperiosa la necesidad de formar a nuestros hijos con la mente que caracteriza a los emprendedores.

I. Mente de emprendedor

Si toma conciencia del mundo en que vive, se dará cuenta de que la mayor parte del tiempo es atendido por una persona que tiene un negocio propio. Si toma un taxi en la mañana, éste es el primero. Si pide un capuchino, también. Si come en una cafetería, lo mismo. Si quiere comprar o reparar una computadora, de igual forma.

Podríamos enumerar miles de comercios, oficinas, distribuidoras, servicios, múltiples negocios que nacen a diario, creados por un joven emprendedor que decidió probar suerte. Para abrir un negocio el primer requisito es que sepan vender. Si no saben vender no podrán hacer que nadie les compre. Si su negocio tiene empleados, tendrá que tener habilidad de liderazgo para hacer que la gente trabaje.

La capacidad de dirigir gente es una necesidad inminente en sus hijos. La mayoría de las universidades no les enseñan a dirigir ni a ser líderes de nadie.

El joven que estudia para ser contador estudia contabilidad, el que quiere ser abogado estudia leyes.

En las universidades no le enseñarán a su hijo ni a ser emprendedor ni a ser líder ni a saber cómo se maneja el dinero. Entonces, ¿a quién le corresponde asumir esa responsabilidad?

Los que son muy religiosos dirán que "Dios diga". Pero tenga la absoluta seguridad de que el 99 por ciento de la responsabilidad es suya. Necesitará construir lo que la universidad no les enseña a sus hijos. Sé que lo estoy poniendo en un aprieto, porque si usted es empleado de una empresa me dirá: "¿Cómo le enseño lo que no sé? ¡Yo dependo de una empresa!". O quizá me dirá que tiene que enseñar lo que nunca tuvo valor de hacer, que fue, precisamente, poner un negocio.

No se preocupe por ello, ya que lo que ahora hará será enseñar a sus hijos a ser independientes y no dependientes de un empleo. Partamos de que usted es una persona que a acumulado experiencia, ha aprendido de la vida lo que su hijo/a aún no sabe y, en este libro, está aprendiendo lo que debe hacer para que su hijo se transforme en un gran líder. Tendrá que estudiar, proporcionarles la información a sus hijos sobre la importancia de un negocio y cómo administrarlo, y, como su *coach*, deberá estar consciente de los modelos con los que su hijo se puede ganar la vida:

-

Primero: **empleado**

Si su hijo/a algún día decide tener un empleo, tome en cuenta que tendrá siempre la limitación de que el sueldo que recibe jamás crecerá al mismo ritmo que la inflación. Es decir, el crecimiento de la riqueza estará condicionado por el porcentaje de incremento de sueldo de cada mes de enero o, en el mejor de los casos, podrá crecer cuando se cambie de empresa o de puesto y luego tendrá que esperar hasta enero.

Segundo: **profesionista**

Si su hijo/a decide ser un profesionista, médico, dentista, o abogado, deberá tener conciencia de que sus ingresos crecerán en relación con el nivel de su capacidad física, aunque se tiene un límite, ¡obviamente! Tampoco podrá atender muchas personas a la vez. ¿A cuántos pacientes puede recibir un dentista? ¡Uno a la vez! ¿A cuántos un medico? ¡Uno a la vez! ¿A cuántos clientes un abogado? ¡Uno a la vez! Ninguno podrá atender a 50 personas el mismo día y a la misma hora.

De igual forma, entiendo que cuando su hijo/a se enferme, también se enfermarán sus ingresos. Cuando salga de vacaciones, también saldrán de vacaciones sus ingresos.

El día que se retire, también se retirarán sus ingresos, ya que él es el productor de la riqueza.

Nadie produce dinero para él, pues no tiene empresa; tiene una profesión. Los profesionistas son como las bicicletas, si se deja de pedalear, se caen, y con ellos, sus ingresos.

Tercero: **comerciante**

Si su hijo algún día quiere poner un comercio, tiene que comprender que el comercio lo transformará en un comerciante, pero no en un empresario. En un negocio se verá obligado a atender a los clientes asiduos o leales de la zona. No podrá atender al país, no podrá atender a la ciudad, sino sólo a los clientes de la zona, a los que viven cerca de su negocio.

ⵔ Cómo actuar como emprendedor

¿Cómo debe actuar su hijo/a en cualquiera de las actividades descritas arriba si desea ser un emprendedor?

Los empleados con mente de emprendedor piensan diferente. Buscan la forma de que su dinero trabaje para él, con la finalidad de tener un ingreso adicional como resultado de la inversión del-dinero excedente en instrumentos de inversión. Evitan gastar más de los ingresos que reciben. Se vuelven expertos inversionistas de sus excedentes. Diseñan estrategias para escalar dentro de las organizaciones y no permiten que sólo los jefes definan su futuro. Entienden cómo crecer dentro de las estructuras empresariales y crean las condiciones para que ello suceda.

Los profesionistas con mente de emprendedor piensan cómo invertir su esfuerzo para que se liberen de la dependencia de su profesión y, a la vez, que su ingreso se multiplique al crear una empresa relacionada con su profesión. Saben que necesitan crear una estructura que produzca para ellos.

Los comerciantes con mente de emprendedor, por su parte, comprenden que el crecimiento proviene de multiplicar su negocio en varias zonas, de la ciudad o del país, para no depender de un solo negocio. Si tiene un negocio de jugos, piensan en tener varios en diversas zonas. Si tiene una distribuidora, pensarán en cómo distribuirla en distintas zonas del país.

Como se habrá dado cuenta, debe aprender que los emprendedores siempre multiplican su esfuerzo, que sus ingresos no dependen de su esfuerzo individual, sino de la gente que trabaja para él.

Por lo tanto, no queda otra alternativa que construir conductas de líder para que pueda multiplicarse el esfuerzo y la inteligencia personal de sus hijos.

La mente de emprendedor piensa de forma independiente, se centra en la creación de riqueza, no importando si son empleados o no. La mayoría de los empleados viven atrapados porque dependen de su puesto y de su sueldo. No son libres de decidir en su propia vida y son víctimas de su forma de pensar. Los verdaderos emprendedores no tienen ese problema, aun siendo empleados.

II. Inteligencia financiera

Tanto psicólogos infantiles como especialistas en educación coinciden en que lo que vivimos y aprendemos en los primeros años de vida dan forma a nuestro futuro. Así pues, los niños son capa-

ces de aprender el valor del dinero desde el momento en que saben cuánto pueden comprar con una moneda. Cualquier niño de seis años intercambia una moneda por un dulce y de ahí en adelante sabrá lo que puede hacer con el dinero si le enseñamos cómo se acumula y cómo se administra. Lamentablemente muy pocos padres les enseñan a sus hijos qué es el dinero. Más bien les enseñan cómo gastarlo, pero no cómo administrarlo. Menos del 30 por ciento de los padres hablan de dinero con sus hijos, el resto lo considera intrascendente.

En la mayoría de las familias el dinero es un tema tabú, ¡es un secreto! De tal modo que resulta increíble esa actitud si consideramos que el dinero es uno de los problemas que más afectan a la mayoría de las familias. Lo sorprendente, también, es que cuando la familia está reunida nunca habla de dinero, sólo hablan de las rebajas, de las promociones, de qué van a comprar, de las tiendas.

Si no se puede hablar de dinero cuando estamos reunidos, ¿entonces cuándo?

Por eso lo invito a que en el futuro creé un ambiente familiar en el que se hable del dinero como se habla de otros temas. Será muy saludable para el futuro de sus hijos que se familiaricen con el manejo del dinero, con el fin de forjarles una cultura financiera.

No es una tarea fácil porque, para empezar, muchos padres ignoran la relevancia e implicaciones de los temas financieros, aunque, eso sí, anhelan que sus hijos tengan éxito y bienestar económico.

Por lo pronto no repita con ellos el mismo error que cometieron con usted al no hablar jamás del dinero o al no entrenarlo en el manejo del mismo.

No olvide que los hijos aprenden por medio de la observación, es decir, aprenden de lo que usted hace y, por ello, deberá cuidar sus actitudes y comportamientos respecto al dinero.

Modelar la conducta de los hijos es la piedra angular de todo aprendizaje. El ser humano aprende de todo lo que ve y usted puede aprovechar su imagen para influir positivamente en su hijo/a en cuanto al manejo del dinero.

En cierta ocasión, un reportero le preguntó a Henry Ford, dueño del imperio automotriz más famoso de aquella época, que por qué su hijo gastaba tanto dinero, siendo que él no era así. Henry Ford le respondió: "La respuesta es muy fácil. Es que mi hijo tiene un padre rico y yo no".

La educación de sus hijos en el manejo del dinero será fundamental para sus hábitos futuros. Debe cultivar la mentalidad financiera para que puedan construir un futuro económico sólido por sí mismos. No permita que el marketing, la televisión y la publicidad los eduquen, porque lo más seguro es que terminen convirtiéndose en "cintas negra" del consumo; no les verá las manos por la rapidez con que sacan su tarjeta para pagar y tendrán un apetito insaciable por consumir.

Estudios realizados han demostrado una tendencia significativa que estima que los hijos de poderosos industriales, generaciones posteriores a las que crearon la riqueza, terminan por estancar o vender el negocio.

Con esto, parecería que el tiempo se encarga de borrar la habilidad en el manejo del dinero y las probabilidades aumentan cuando los padres educan a sus hijos dándoles todo lo que piden. Llenan a sus hijos de cosas, como si fueran arbolitos de navidad.

Lo que esos padres desconocen es que están firmando la sentencia de incapacidad de su hijo/a en asuntos financieros. Lamentablemente, en las familias hay muchos padres que les pintan un mundo de fantasía en relación con el futuro en que vivirán. Se

acostumbran a recibir todo de sus padres: auto, comida, viajes, vestido, diversión, comodidades que se convierten para los hijos en un derecho de vida, sólo por ser los hijos.

Cuando terminan la carrera se sienten desprotegidos, ya que perderán las prestaciones del trabajo de hijo que tuvieron en casa. De inmediato salen a las calles a buscar un empleo que les dé las mismas prestaciones. Solicitan un trabajo que les ofrezca la seguridad que tenían en casa. Piden un sueldo, tal como les daban en casa, piden auto, vacaciones y comedor, como los tenían en casa, estacionamiento y atención médica. Finalmente, esperan tener un jefe que los trate como el que tenían en casa. ¿Le suena conocido?

¿Ahora comprende por qué la mayoría de los jóvenes buscan un empleo que les dé seguridad y tienen miedo a actuar como verdaderos emprendedores?

Más del 60 por ciento de los jóvenes de entre 18 y 25 años viven aún en casa de sus padres. Y dicho proceso se pospone porque no fueron educados para tener independencia financiera. Por lo tanto, prolongarán su estancia en la casa familiar lo más que puedan, desacelerando su madurez como Emprendedores y Líderes de su propia vida.

Por otra parte, no cometa el error de muchos padres, que con la idea de que sus hijos aprenderán a manejar el dinero, les entregan una tarjeta de crédito. ¡Antes de esto, muéstreles cómo la utiliza usted! (¡Espero que sea un buen ejemplo manejando su dinero!).

Enséñeles aspectos que normen sus criterios, por ejemplo:

1. **El trabajo y su trascendencia**
2. **Instrumentos de ahorro**

184

3. Cómo gastar su dinero inteligentemente
4. Cómo evitar la mentalidad consumista

1. Enséñeles la trascendencia del trabajo

Debe manifestar en todo momento un equilibrio racional y emocional entre el dinero y el trabajo. Jamás le diga que le esta entregando su domingo. Su hijo/a tiene que asimilar la idea de que únicamente le recompensará su esfuerzo. Que si trabajan reciben dinero, si no trabajan, no lo reciben. Ingénieselas. Hay múltiples actividades en el hogar en las cuales pueden ayudar y ganar dinero.

2. Proporcióneles instrumentos de ahorro

Los jóvenes antes de salir de la universidad tienen una tarjeta de crédito. ¡Increíble!, ¿no? Antes de generar dinero ya pueden gastar. Deben aprender que para comprar no necesariamente tienen que gastar, sino que también pueden ahorrar. Deben aprender a tener metas de ahorro, planear sus compras, de manera que puedan neutralizar la tendencia consumista de una sociedad que alimenta el impulso de la compra inmediata. Enséñeles a determinar cuánto tiempo pueden invertir semanalmente para que a la hora de comprar, ahorren conforme a los objetivos determinados. Esto es muy importante.

Los bancos han desarrollado instrumentos para que los niños ahorren y aprendan que el trabajo no es el único vehículo para generar riqueza, sino que haciendo trabajar el dinero éste puede trabajar para él mientras duerme.

El dinero generará buen dinero si le enseña dónde colocar inteligentemente sus ahorros. Hay cientos de instrumentos de inversión. Infórmese.

Estos son los primeros pasos para crear una mentalidad millonaria en sus hijos. No se preocupe por la edad que tengan e instrúyalos cuanto antes.

3. Enséñeles a gastar inteligentemente

El gasto forma parte de la enseñanza en el ahorro, porque antes de gastar, debe planear y trabajar para ganar ese dinero. Si su hijo/a entiende esto, su nivel de autoestima aumentará, ya que cuando lo gaste será porque ya lo ganó. Se desarrollará en él el sentido de lograr y cumplir con los objetivos. De aquí que sea tan importante que le enseñe que saber comprar, también, significa adquirir cosas que mantengan su valor a futuro por si se vieran en la necesidad de venderlo posteriormente.

Por lo expuesto, le recomiendo que eduque a sus hijos a administrar su dinero mensualmente. ¡Nunca semanalmente! Con ello aprenderán a administrar mes a mes su dinero y a planificar mejor sus gastos. Asimismo, sabrán cómo realizar transacciones en el banco, por lo que será imprescindible que les enseñe principios de contabilidad lo antes posible. Y créame, éste es uno de los aprendizajes más poderosos para estructurar su mente y, mientras más joven, mejor.

Los niños pequeños asimilan los conocimientos fácilmente, esto es una ventaja, porque tendrán que pensar como adultos en relación con el dinero. Estas claves les enseñarán a sus hijos a vivir mejor y a ser maduros en asuntos económicos. Tendrán control de lo que producen, sabrán administrar y conocerán cómo invertir correctamente a partir de saber que el dinero puede producir más dinero mientras duerme.

4. Evite que el consumismo los consuma

Categóricamente afirmo que el ingreso que su hijo/a tenga no determinará el nivel de riqueza. Investigue con cualquier persona que haya tenido un buen aumento de sueldo el año pasado y pregúntele cuánto ahorró como consecuencia de dicho aumento. En la mayoría de los casos la respuesta será: "¡Nada!". ¿Por qué las personas tienen ese problema?

La razón evidente es que cuanto más tenemos, más gastamos, y los ingresos desaparecen. Perdemos de vista que los gastos siempre deben adaptarse a los ingresos. Lamentablemente, con la mentalidad consumista, los gastos son siempre mayores y nos tenemos que financiar con tarjetas de crédito.

Si usted alguna vez le ha comprado a sus hijos los ratoncitos llamados *hamster*, habrá observado que estos animalitos son muy graciosos, trabajadores y activos. En sus jaulas tienen una rueda para caminar y ejercitarse. Cuanto más corren, más rápido gira la rueda. Estos animalitos, al terminar el día, dicen: "¡Uy! ¡Cuánto trabajé el día de hoy!". Pero, en realidad, corrieron mucho y no avanzaron nada.

¿No le parece familiar esta imagen? Personas que trabajan todo el día por el dinero, pero que el dinero no se acumula. Antes de acabar el mes ya no tienen un centavo y comienzan a financiarse con sus poderosas tarjetas de crédito. Se trata de una situación que no se la deseo a nadie. Ni mucho menos espero que permita que sus hijos caigan en la trampa del

 *hamster* si verdaderamente quiere que tengan madera de líderes.

¿Ahora comprende por qué afirmo que el ingreso no determina su nivel de riqueza? El problema económico de las personas no es por los ingresos, sino por los hábitos de consumo que aprendieron. Por ello, la solución no es más dinero. Más dinero, con una mentalidad consumista, los hundirá más en la arena movediza de las deudas, se sumergirán en la pobreza.

Estas personas, aunque aparenten tener mucho porque adquieren siempre lo último que sale al mercado, el mejor carro, el mejor televisor, la mejor computadora, el mejor juego de *Nintendo*, son personas que si bien tienen capacidad de compra por sus ingresos, no tienen capacidad para generar riqueza, ya que carecen de excedentes debido a su mentalidad consumista.

En otras palabras, las personas no necesitan más dinero, requieren de una mentalidad financiera más sana para administrar eficientemente, y esa es la actitud que deberá cultivar en sus hijos para que aprendan a construir su solidez financiera.

El síndrome del *hamster* se aplicará a sus hijos cuando sólo gasten en cosas que luego no les redituarán. Este es el modelo de ganar y gastar. Se trata de un camino interminable que paso a paso destruirá su solidez económica. Nunca tendrán dinero para invertir y sí deudas que cubrir. Es una espiral de la cual la mayoría no sabe cómo salir.

Si no los educa para evitar el síndrome del *hamster*, sus hijos serán víctimas del consumismo y no verán el dinero como un recurso de inversión generador de riqueza.

Recuerde que sus gastos siempre deben nivelarse a sus ingresos. Tenga presente que la tarjeta de crédito sólo da la sensación de poseer capacidad de compra, pero lo que en realidad le brinda es disponibilidad de crédito. Enséñeles a sus hijos a gastar en cosas que en el futuro le produzcan dinero, no sólo en cosas que represduzen gastos superfluos, productos del marketing y de la sociedad de consumo.

¿Sabía usted que si un niño guarda con cuidado la caja de un juguete de *Star Wars*, la figura puede venderse a mayor precio en el futuro? Lo mismo con los juguetes de *Disney*; la caja será la clave, así como todos los documentos originales y la nota de compra.

El 99 por ciento de los niños no compran un juguete con la intención de venderlo, pero es bueno que lo sepan aunque nunca lo vendan. El objetivo, a final de cuentas, es que comprendan el mecanismo de toda compra inteligente.

✐ Conductas que estimularán la riqueza en su hijo/a:

1. Enséñele a leer un estado financiero desde temprana edad.
2. No le hable de las herencias que tendrá ni del dinero que recibirán.
3. Estimule su inteligencia financiera desde niño.
4. En la escuela nunca educarán a su hijo/a a manejar las finanzas personales, esa es su responsabilidad.
5. Si le entrega a su hijo una tarjeta de crédito, no le enseñará a ser responsable con el dinero.
6. Convénzalo de que el dinero es el primer producto que tiene como inventario para construir su riqueza. ¡Debe mover el dinero!
7. No le diga que es muy rico hasta que no haya establecido un estilo de vida maduro, disciplinado y adulto.
8. Instrúyalo en finanzas, ya que sacar diez en la escuela no lo educa en ello.
9. Enséñele que como él nació en el mundo del consumo, no tiene buenos métodos para saber acumular.
10. Enséñele que no ha nacido ni pobre ni rico, sino con la capacidad de decidir lo que quiere ser.

11. Que no confunda capacidad de gasto con calidad de vida.
12. Enséñele que no es rico porque puede gastar, sino por su capacidad de invertir.
13. Incúlquele el hábito del ahorro desde muy joven.
14. Infórmele que comenzará a crear riqueza sólo cuando su dinero trabaje para él.
15. Muéstrele que los ricos tienen dos atributos: Mentalidad de emprendedores y Capacidad de Liderazgo.
16. Hágale saber que si no puede administrar lo que gana, jamás logrará lo que quiere.
17. Dígale que el hábito de administrar su dinero es mucho más importante que la cantidad de dinero que recibe.
18. Edúquelo para ser emprendedor y generador de empleos.
19. Hágalo consciente de que los emprendedores con mentalidad financiera crean fortunas, haciendo que su dinero trabaje para él.
20. Enséñele que la inteligencia financiera consiste en la habilidad para transformar el dinero en activos que le produzcan dinero, sin que ellos trabajen.
21. Compártale que si quiere ser rico necesita aprender a mover el dinero, no a cómo guardarlo.
22. Explíquele que el control de gastos lo mantendrá a flote, pero la mentalidad de emprendedor e inversionista lo hará crecer.

A continuación, introduzca otras conductas que considere que pueden mejorar el conocimiento de sus hijosa sobre la Riqueza:

_____

_____

_____

_____

_____

_____

Conductas que limitarán la riqueza en su hijo/a:

Usted puede inducir a su hijo a ser un mal generador de riqueza sin saberlo. Analice las conductas siguientes y cuando termine sume aquéllas que inconscientemente aplica y que pueden estar limitándolo a la hora de mejorar su conocimiento sobre la riqueza.

1. Hacerle creer que con sólo estudiar hará mucho dinero.
2. Estimularlo a que gaste para sentirse mejor. Se lo merece.
3. Inspirarle temor al invertir su dinero.
4. No inculcarle una cultura del ahorro desde muy temprana edad.
5. Decirle que debe trabajar duro en la empresa para que sea reconocido por sus jefes.
6. Decirle que todos los problemas de la sociedad son por culpa del dinero.
7. No hablar en familia del dinero.
8. Educarlo para tener una actitud negativa hacia el dinero. Decirle que es el mal de todos los males.
9. Hacerle creer que el dinero lo aleja de la espiritualidad y de los valores.
10. No aclararle que ser astuto no significa que hará más dinero, sino que implica desarrollar la inteligencia financiera.
11. No estudiar con él aspectos contables y de administración.
12. Hacerle creer que el dinero le dará seguridad y felicidad en la vida.
13. Hacerle creer que invertir es muy riesgoso.
14. Hacerle creer que el dinero es para gastarlo y nada más.
15. No enseñarle a manejar su tarjeta de crédito inteligentemente.
16. No hacerle comprender que no será rico por ganar mucho, sino por saber invertir.

17. No educarlo para que piense como empresario y que sus límites de ingreso dependerán sólo de él.
18. Dejar que sea avaro y poco considerado con los que menos tienen.
19. No informarle que las personas que están muy endeudadas lo están por que saben poco acerca del dinero.
20. Explicarle que el dinero cuesta mucho ganarlo como para arriesgarlo.
21. Orientarlo a que busque un buen empleo y no arriesgue en un negocio.

Escriba otras actitudes que usted considere que ejerce y que están limitando la capacidad de conocimiento sobre la Riqueza en sus hijos:

_____

_____

_____

_____

_____

_____

CONCLUSIONES

Parte importante del entrenamiento de su hijo/a para potenciar una mente de líder es fomentando en ellos una mentalidad emprende-dora y una educación financiera. Esto no significa que los transfor-me en personas concentradas en lo material, de ninguna manera, sino centradas en crear condiciones para alcanzar la independencia económica.

Ello evitará que en su vida adulta sean personas dependientes, incapaces de decidir lo que quieren hacer porque están sumidas en las dudas de una vida sin inteligencia financiera.

La mente de los emprendedores va asociada con la conciencia de cómo administrar su negocio y su vida financiera. Como dije al inicio, no he conocido a un líder sin capacidad para producir riqueza. Su mente para dirigir es la misma que aplica cuando dirige su economía personal.

En resumen, será fundamental que estudie todo lo que existe acerca del manejo del dinero para que se lo enseñe a sus hijos. Le aconsejo la lectura de mi libro *El arte de hacer dinero*, *best seller* internacional que se vende en México, Estados Unidos, Latinoamérica, el cual también puede consultar en la dirección electrónica www.amazon.com.

Reflexiones

- No confunda confort con felicidad, ni riqueza con éxito.
- Todo tiempo que no pase con sus hijos es tiempo perdido.
- Endeudarse es muy fácil. No viva con lujos hasta que no construya activos que puedan respaldarlos.
- La gente que piensa como pobre derrocha su dinero. Los que piensan como rico derrochan su dinero en activos que le producirán dinero.
- Las deudas, por ser consumista, son un sistema que hace rico a los banqueros, pero no a usted.
- Si cree que el dinero es la causa de los males, eso se trasformará en imán de su pobreza.
- El camino hacia su libertad económica no comienza en el banco o en sus ahorros. Comienza en su mente.
- No ha nacido para ser rico o pobre. Ha nacido con la capacidad de decidirlo.
- No se acostumbre a comprar cosas que no necesita para impresionar a personas que no conoce.
- Tener dinero no justifica que compre todo lo que pueda.

- Si quiere saber si alguien es rico, no se guíe por lo que gasta o por los lujos que muestra, sino por cuánto tiene invertido.
- La persona que piensa como rica hace que su dinero trabaje para ella.
- Para lograr su libertad económica debe entender la diferencia entre seguridad en el empleo y seguridad financiera.
- Debe saber que los líderes hacen siempre más dinero que aquéllos con mentalidad de seguidores.
- El dinero es como la sangre, debe circular para mantener su salud.

CAPÍTULO QUINCE

Estilos de pensamiento de los jóvenes líderes

Los expertos en funcionamiento del cerebro humano explican que los jóvenes tienen 4 formas naturales de organizar las cosas. Con la información que se les proporciona sabrán identificar los perfiles dominantes en el cerebro de sus hijos, según la siguiente clasificación: Analítico, Creativo, Organizado y Emotivo.

Los cuatro tipos de pensamientos de los hijos

INVESTIGACIONES REALIZADAS sobre el funcionamiento de nuestro cerebro han distinguido cuatro patrones de formas de pensar en el ser humano. En el libro de Lanna Nakore, titulado *Every Child Has A Thinking Style*, se explica cómo los jóvenes tienen una forma natural de organizar las cosas. A algunos les gusta hacer las cosas por sí solos y terminar todo lo que inician. A otros les gusta ser ordenados y pensársela dos veces antes de hacer algo. Otros viven en las nubes, creando ideas nuevas todos los días. Otros más son muy emocionales y sensibles a las personas.

Al respecto, los estudios han confirmado que los niños son más seguros de sí mismos cuando pueden organizar sus cosas de la forma que le resulta más fácil a su cerebro. Sin embargo, el mundo no les puede presentar las condiciones de acuerdo con su preferencia mental.

Por lo anterior, es fundamental que usted conozca cuáles son las preferencias mentales con las que ha nacido su hijo, y así poder entender por qué actúa de la forma en que lo hace e identificar sus dones naturales.

Con la información que le proporcionaré, podrá entender el comportamiento de sus hijos y observará si es similar o muy diferente al suyo.

> "Es muy importante que conózca las preferencias mentales de sus hijos".

Comprenderá por qué a uno le gusta desarmar los juguetes, a otro le gusta guardar recuerdos, el por qué uno llega siempre tarde a sus clases y el por qué al otro le gusta ser tan idealista. Se trata de cuatro formas de pensar que se definen como: El Analítico, el Organizado, el Creativo y el Emotivo.

El Analítico y el Organizado se encuentran ubicados en el hemisferio izquierdo del cerebro, tal como lo ve en la imagen. El Creativo y el Emotivo o Humanista se encuentran en la parte derecha.

Los estudios han identificado que en el hemisferio izquierdo del cerebro se procesa toda la información analítica y racional y en el hemisferio derecho toda la información intuitiva y sensorial.

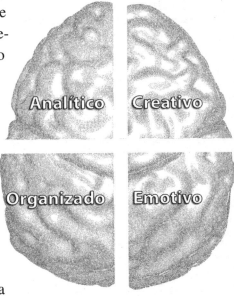

No es mi propósito que se haga un experto en el tema, pero sí que conozca los principios que le permitan identificar los perfiles dominantes de su hijo/a.

✐ Análisis del estilo personal de su hijo/a

Responda a las 20 situaciones siguientes, seleccionando "sólo una respuesta de cada una". Es probable que tenga dificultad al elegir una sola respuesta de cada una, pero es necesario que haga el esfuerzo por marcar una a la vez. Sume cada letra y ponga los totales al final de los cuadros correspondientes. Acto seguido, lea cada uno de los perfiles con mayor puntaje así como los de menor puntaje y ubique las características que tiene su hijo/a. Para obtener mayor precisión en los resultados, invítelos a contestar conjuntamente las preguntas. Ejemplo:

Cantidad de **a**	Cantidad de **b**	Cantidad de **c**	Cantidad de **d**
3	5	8	4
ordenado	**emotivo**	**innovador**	**analítico**

✓ Evaluación

1. Cuando su hijo sale de paseo por parte de su escuela:
   a. Trabaja en equipo
   b. Ayuda a los demás
   c. Asume riesgos
   d. Establece metas

2. Sus prioridades son:
   a. Precisión
   b. Gente
   c. Posibilidades
   d. Progreso

3. Cuando juega al aire libre:
   a. Es activo

b. Es pasivo

c. Motiva a otros

d. Juega solo

---

4. Su personalidad es:

   a. Organizado

   b. Ayuda a otros

   c. Innovador

   d. Orientado a metas

---

5. Cuando trabaja en un proyecto:

   a. Sigue las reglas

   b. Prefiere a alguien que lo ayude

   c. Se motiva, pero pierde el tiempo

   d. Se focaliza a terminarlo

---

6. Cuando empaca su ropa para las vacaciones:

   a. Empaca las cosas que debe llevar

   b. Tiene que decirle qué poner

   c. Empaca de todo sin un orden

   d. Deja que usted le empaque las cosas

---

7. Los maestros ven que tiene dificultad en:

   a. Aceptar los cambios

   b. Habla mucho con su compañeros

   c. Se mueve mucho, se distrae

   d. Necesita tener control de las cosas

---

8. Cuando tiene que manejar los cambios tiende a ser:

   a. Rígido

   b. Preocupado

   c. Flexible

   d. Lógico

9. Su actitud es:
   a. Ordenada
   b. Bondadosa
   c. Dispersa
   d. Controladora

10. Cuando resuelve problemas, lo hace:
   a. Paso a paso
   b. Junto con sus amigos
   c. En forma creativa
   d. Analítica

11. Cuando le llaman la atención es por:
   a. Su inflexibilidad
   b. Su emotividad
   c. Por no seguir reglas
   d. Por argumentar todo

12. Lo que más lo distingue es:
   a. Que le gusta seguir las reglas
   b. Que quiere ser aceptado por los demás
   c. Que quiere libertad e independencia
   d. Su afán por lograr metas

13. Cuando confronta a alguien:
   a. Escucha con atención
   b. Es muy sensible y emotivo
   c. Es juguetón y abierto
   d. Analiza

14. Aprende por:
   a. Lo que conoce de antes

b. Trabajando con otros

c. Siendo creativo y experimentando

d. Analizando

---

15. En sus tiempos libres:
    a. Ordenar las cosas
    b. Convive con amigos o su familia
    c. Se involucra en actividades musicales o artísticas
    d. Arregla o desarma cosas

---

16. Su actitud que lo distingue en sus clases:
    a. Ser precavido
    b. Relacionarse positivamente
    c. Ser creativo
    d. Ser lógico o racional

---

17. Cuando prueba cosas nuevas:
    a. Se mantiene atento, es precavido
    b. Se mantiene sensible
    c. Se mantiene alegre
    d. Se mantiene bajo control

---

18. Los compañeros lo ven como:
    a. Alguien ordenado o conservador
    b. Amigable con todos
    c. Soñador, idealista
    d. Competitivo

---

19. Su futura profesión podría ser:
    a. Inspector
    b. Diplomático
    c. Artista o inventor
    d. Constructor

20. Cuando construye algo lo hace:
   a. Con un sistema ordenado
   b. Con pasión y dedicación
   c. Con imaginación y creatividad
   d. Con precisión y lógica

A continuación anote el total de marcas que hizo en cada letra en el espacio correspondiente.

Cantidad de **a**	Cantidad de **b**	Cantidad de **c**	Cantidad de **d**
ordenado	**emotivo**	**innovador**	**analítico**

Las calificaciones más altas determinan el estilo que predomina en su hijo/a. Ahora lea las características de cada uno para conocer el tipo de líder que puede ser, de acuerdo a sus preferencias mentales. Con frecuencia las calificaciones más altas aparecen en más de uno.

Si muestra una calificación muy alta en alguno de los estilos, por encima de los demás, significa que es muy acentuada su preferencia por ese estilo. Si tiene dos debe correlacionarlos para analizar la combinación que distingue a su hijo/a.

Es posible que haya tres o cuatro con la misma calificación. Si muestra tres calificaciones igual de altas, su hijo/a tiene grandes ventajas y distintas de opciones de estilos, aunque no es muy frecuente este tipo de resultados cuando son muy jóvenes.

Si las cuatro calificaciones son iguales, significa que puede relacionarse de distintas maneras. Pero le aconsejo, de todas formas, identificar, junto con su hijo/a, cuál de los cuatro estilos considera que lo distingue más.

✐ Estilo analítico

A los jóvenes con mente analítica les agrada aprender de forma lógica y práctica. No intente hablarles o restringirlos demasiado porque comenzarán a molestarse y dejarán de escucharlo. A los jóvenes con estas características les gusta conocer de forma directa las cosas. Es necesario dejarlos libres para que cumplan con sus metas, ya que les atrae sentirse responsables de las cosas. Tienden a pensar que los hechos tienen una explicación lógica. No se conforman con repetir tareas y no se sienten cómodos a la hora de relacionarse con otras personas. Les simpatiza más decirles a los demás qué hacer que trabajar en equipo. Tienden a ser un poco individualistas, algo inflexibles y desean tener el control de las cosas.

En concreto, otras características que los distinguen son:

- **Analíticos**
- **Asertivos**
- **Cuantitativos**
- **Competitivos**
- **Decisivos**
- **Directos**
- **Orientados a metas**
- **Lógicos**
- **Matemáticos**
- **Objetivos**
- **Racionales**
- **Tenaces**
- **Solitarios**
- **Resolutivos**
- **Numéricos**

Si su hijo/a es analítico, ayúdele a razonar. Practique junto a él el análisis crítico. Ayúdelo a que argumente lógicamente en las cosas que desea tener o hacer. Analice junto con él. Promueva el debate y la discusión de temas. Enséñele el manejo de máquinas y herramientas. Permítale tomar sus propias decisiones.

Los niños analíticos tienden a sentir gusto por el uso de las máquinas, mejor aún si son pequeñas. Les gusta jugar con herramientas. Se establece metas y es competitivo.

Estilo organizado

Son jóvenes a los que les gusta el orden y son meticulosos. Rara vez toman decisiones equivocadas. Son seguros de sí mismos. La incertidumbre les produce mucha inseguridad. Para estos jóvenes los trabajos que se hacen "ahora mismo" les molestan sobremanera. Les producen mucha ansiedad. Ellos disfrutan de las rutinas, son conservadores y predecibles. Les agradan los maestros puntuales y con disciplina. Si juegan al *Monopolio* les gusta ser el banquero, porque ello les permite controlar el orden y la disciplina de las cosas. Son jóvenes que disfrutan de todo lo que sea predecible, porque si no es así les causa cierta inseguridad. Ellos aprenden a través del ensayo y error. Les gusta que las cosas sean dichas paso por paso. No les gusta prestar mucho sus cosas por evitar que se las devuelvan rotas o en mal estado. Como no están peleados con la rutina ni con lo metódico, suelen ser muy pacientes. Les agrada el orden y una adecuada administración de las cosas. Cuanta más organización, cuantos más sistemas y procedimientos existan, mejor para este tipo de líderes. Los niños con perfil organizado tienden a hacerse de rutinas. Prefieren comer a las mismas horas y el mismo tipo de comida. Estiman que les digan qué hacer y cómo hacerlo.

En concreto, otras características que los distinguen son:

- **Cautelosos**
- **Exactos**
- **Siguen órdenes**

- **Trabajadores**
- **Ordenados**
- **Prácticos**
- **Realistas**
- **Conservadores**
- **Orientados a tareas**
- **Dominantes**
- **Mantienen el control**
- **Planeadores**
- **Estabilizadores**
- **Estructurados**
- **Detallistas**

Si su hijo/a es organizado, intente seguir procedimientos paso por paso. Los procesos serán la clave de su aprendizaje. Felicítelo por terminar las cosas a tiempo. Enséñele que toda actividad obedece a un procedimiento consciente o inconsciente, inclusive para hacerse una simple pizza.

✐ Estilo creativo

Son jóvenes a los que les gusta la libertad de crear, de encontrar múltiples opciones para resolver un mismo problema. A ellos les gusta lo impredecible y la aventura, son apasionados. Los jóvenes creativos generalmente encuentran dificultades en lo predecible, en lo uniforme, lo estructurado, dado que las rutinas les aburren; no les resulta divertido ser tan rígidos. Les atraen las ideas originales y les cuesta mantener el interés por mucho tiempo. Escuchan por unos minutos y cambian de tema. Son jóvenes con inquietudes físicas, son cinestésicos, por lo tanto aprenden haciendo cosas. A este tipo de líderes hay que dejarlos ser, ya que tienen mucha energía.

Las personas creativas poseen un talento natural para crear y diseñar ideas, para resolver problemas e introducir estrategias.

Son personas muy intuitivas. Deben educarlos para que puedan crear cosas prácticas. De otra forma andarán por las nubes. Su forma de trabajar y de hacer tareas les absorbe mucho tiempo. Consumen mucho tiempo porque se distraen frecuentemente. A los jóvenes creativos con regularidad no se les toma muy en serio, aunque contribuyen a la producción de resultados con sus ideas innovadoras.

En concreto, otras características que los distinguen son:

- **Artísticos**
- **Carismáticos**
- **Creativos**
- **Curiosos**
- **Imaginativos**
- **Impulsivos**
- **Vendedores de ideas**
- **Independientes**
- **Intuitivos**
- **Espaciales**
- **Inventivos**
- **Espontáneos**
- **Visionarios**
- **Arriesgados**
- **Cambiantes**
- **Dispersos**

Asimismo, se caracterizan por tener muchas ideas y pocas adquieren realidad en un tiempo determinado. No les gustan los análisis detallados de las cosas. Lo cuantitativo, lo analítico y lo numérico no es su fuerte. Se transforman en líderes a los que les gusta la diversidad, con múltiples ideas, una nueva cada día. No les gusta profundizar y analizar con detenimiento las cosas. Se aburren rápidamente. Una vez que han comprendido un tema, no requieren de más información. No se detienen a ver las cosas paso a paso.

Los niños creativos tienden a explorar. A soñar despiertos. Dibujan cubriendo toda la página. Tienen habilidad para los juegos visuales. Son expresivos con su cuerpo, con sus manos y sus gestos. Prefieren correr, saltar y hacer ruidos. Pueden crear juegos sin mucho sentido lógico, con tal de expresarse a sí mismos.

Por lo anterior, respete su libertad. Permítale que se vista de acuerdo a sus gustos. Felicítelo por su capacidad de imaginación y creación.

✐ Estilo emotivo

Son jóvenes que se preocupan por lo que sienten las demás personas. Tienden a ser jóvenes leales, afectuosos y apoyan a sus amigos. Son personas que se entregan y que tienen un gran sentido de servicio. Son bastante expresivos y considerados. Para ellos, es muy importante sentirse motivados y apoyados. El sentirse en grupo es su mayor fortaleza. Les encanta comunicarse y dialogar todo el tiempo. No tienen problema para seguir las reglas establecidas, por lo que es necesario tratarlos con cierta docilidad, pues la confrontación provoca que se encierren en sí mismos y además tienden a tomar todo comentario como critica personal. Son personas que necesitan recordatorios para que las cosas se hagan. Requieren de aprobación social constante, de sus padres, amigos o familia.

En concreto, otras características que los distinguen son:

- **Adaptables**
- **Cooperativos**
- **Dramáticos**
- **Emocionales**
- **Empáticos**
- **Amigables**
- **Generosos**

- **Intuitivos**
- **Sensitivos**
- **Sociables**
- **Comprensivos**
- **Expresan ideas**
- **Enseñan**
- **Escuchan y hablan**
- **Ayudan a otros**
- **Comunicadores**
- **Trabajan en equipo**

Los emotivos se transforman en líderes a los que les gusta armonizar cuando se crean equipos de trabajo. Consolidan un buen sistema de servicio y orientación al cliente y, en general, forman equipos sinérgicos con facilidad.

Sus relaciones humanas las centran en la motivación y en la armonía. Se le dificultan los aspectos matemáticos, financieros, cuantitativos y con mucho racionamiento secuencial. Los emotivos buscarán un balance entre lo material y lo emocional. Los niños emotivos tienden a cambiarse de ropa constantemente. Les gustan los disfraces. Conocen a los compañeros de su clase, de las otras clases y hasta a los vecinos. Les gusta vestirse de colores. Les gustan los animales, la fotografía. Les desagrada estar solos.

Desde esta postura, será de vital importancia que juegue mucho con su hijo. Juegue a identificar qué está sintiendo la otra persona. Llévelo a que haga una donación en algún hogar de ancianos o de escasos recursos. Pídale que le ayude a planear la próxima fiesta de su casa. Abrácelo con mucha frecuencia. Los emotivos necesitan de afecto y reconocimiento.

✐ Posibles profesiones afines a cada estilo

A cada estilo corresponden ciertas profesiones o actividades, de acuerdo a la fortaleza mental de los hijos. En este sentido, considero importante que reflexione junto con ellos cuáles de estas profesiones que le describo a continuación pueden ser de su interés. Con ello, permitirá que su hijo/a no sólo identifique su perfil de líder sino también le indicará a usted el tipo de información que debe proporcionarle para que pueda familiarizarse con las posibles profesiones que aquí le describo.

Analítico

Científicos
Técnicos
Financieros
Médicos
Abogados
Ingenieros
Cirujanos
Directivos
Banqueros

Creativo

Pintores, Poetas, Compositores
Empresario
Artistas, Actores
Ventas, Marketing
Diseñadores
Decoradores, Publicistas
Psiquiatras
Dramaturgos
Geólogos

Organizado

Administradores
Contadores
Supervisores
Organizadores
Sistemas IT
Reporteros
Médicos
Planeadores
Manufactureros

Emotivo

Asesores
Profesores, Maestros
Actividades Sociales
Servicios, Relaciones Públicas
Recursos Humanos
Terapeutas
Enfermeros
Músicos
Reparaciones

Si no se identifica con ninguna de la lista, pídale que le describa aquellas actividades con las que se siente más identificado en la vida y luego asócielas con alguno de los cuatro estilos que le presenté.

Le aconsejo que si desea una mayor precisión a la hora de identificar el estilo, lleve a su hijo/a a uno de los muchos institutos especializados en orientación vocacional y solicíteles que le realicen una prueba de habilidades.

Asimismo, en nuestra empresa disponemos de un autoanálisis preciso para su evaluación.

CAPÍTULO DIECISEIS

Crear condiciones para la transformación de sus hijos

"Los padres ya cuentan con toda la información y todas las herramientas para construir en las mentes de sus hijos la estructura de líderes. Ahora, como conclusión de este libro, aprenderán las leyes del comportamiento humano que condicionan la conquista de nuestras metas, en este caso el proyecto de vida de sus hijos y el suyo propio".

*El ser humano aprende muy tarde
en la vida que, para que cambie su
realidad, primero él tiene que cambiar.*

WILLIAM. JAMES

Compromiso personal

Hemos llegado al final de la descripción de las Semillas que debe sembrar en la mente de su hijo/a para construir su estructura como líder.

Con la complicidad que ambos tuvimos para construir el liderazgo en sus hijos, yo, a través del contenido de este libro, y usted con la responsabilidad de implementarlo, quiero hacerle ver la necesidad de llevarlo a buen puerto.

Lo invito a estudiar, a reflexionar y a tomar notas para iniciar el proyecto de transformación de sus hijos.

Comprendo bien que no es fácil enseñar cosas sobre las que no se tiene la maestría o la habilidad para aplicarlas, pero es forzoso que como padres asumamos el compromiso que nos corresponde, haciendo lo mejor que podamos.

Sabemos que con tenacidad, dedicación, constancia y mucho afecto y amor, nuestros hijos recibirán la Semilla que queremos germine en su mente para que sean verdaderos líderes.

> "Las personas son como los peces, descubren la trascendencia del agua al final de la vida".

Al adquirir este libro ha dado un gran paso. Por lo pronto ha demostrado su intención de ayudarlos y si se propone cumplir con esta gran tarea, será necesario que genere las condiciones propicias para que se transforme en realidad.

Asimismo, será imprescindible que le explique que es una labor conjunta, que tendrá que esforzarse, pero hay algo más importante todavía, que le haga saber su intención y su profundo deseo de que se un buen líder y triunfador en la vida. Éste será el legado más importante que podrá dejarles.

Si por alguna razón se resiste al proceso o no siente que tenga la destreza para llevarlo a cabo, o nunca lo ha hecho antes, ¡no importa! No olvide que ellos son hijos suyos para toda la vida y, por consiguiente, el propósito no tendrá por qué abandonarlo.

La intención por transformar a su hijo/a en líder detonará una situación que los especialistas del comportamiento humano llaman "Ley de la Atracción", que a continuación expongo.

La ley de la atracción

La ley de la atracción es la ley que explica los acontecimientos que suceden en la vida. El principio que rige dicha ley es que todo lo que sucede en su vida es atraído por usted. Es atraído por las ideas que tiene en su mente sobre de lo que quiere. Lo que sea que

> "Lo esencial, invisible a los ojos, sólo se descubre con el corazón".

piense, eso será atraído por usted. No importa quién sea, su nivel socioeconómico, si es rico o pobre, culto o ignorante, empleado, obrero, director o dueño de un imperio industrial. La ley de la atracción forma su vida y se construye a través de sus pensamientos.

En concreto, usted es quien activa la ley con sus decisiones, dándole forma a través de sus propios pensamientos.

Pregúntese de manera sencilla por qué son tan pocas las personas que concentran el 96 por ciento de toda la riqueza que existe en esta tierra. ¿Cree que es una casualidad? No. Se trata, sin duda, de gente que aplica la Ley de la Atracción en su vida.

Consciente o inconscientemente, su vida y la vida de sus hijos será producto de lo que usted logre cosechar por medio de sus pensamientos. Debe comprender qué está haciendo o qué está dejando de hacer para que sucedan los acontecimientos que experimenta hoy en día.

El ser humano es un imán que atrae lo que su mente piensa y ese magnetismo es producto de su forma de pensar.

¿Alguna vez ha pensado en algo que le enoja y que cuanto más piensa más enojado se siente? En segundos puede estar inmerso en pensamientos desagradables.

¿Alguna vez ha experimentado, en un estacionamiento por ejemplo, pensar positivamente e imaginar que encontrará un lugar y por alguna razón eso sucede? ¿No le ha pasado que cuando tiene que llegar urgentemente a algún lugar el tránsito se satura? ¿Ha escuchado comentarios sobre la experiencia de algunas personas que siempre piensan en enfermedades y que siempre están enfermas? ¿No ha conocido a personas que siempre están metidas en problemas o que tienen mala suerte cuando expresan su forma de pensar? De esto se trata. De que reflexione y de que descubra que usted es producto de lo que piensa.

Si comprende la Ley de la Atracción, cambiará cualquier cosa de su vida y de la de su hijo/a.

Lo que imagine en la mente sobre su hijo/a, eso será finalmente lo que obtendrá. Si incorpora en su mente lo que realmente quiere de su hijo/a como líder, terminará transformándolo en lo que usted desea.

Podemos concluir, entonces, que los pensamientos pueden transformarse en realidades tangibles y observables. Buenas o malas. Que no es el entorno el responsable de lo que pasa, sino la atracción que ejercen sus pensamientos. Debe convencerse de que podrá ver realmente lo que imagina si elige trabajar con conciencia en ello.

Los pensamientos son como imanes que atraen cosas de la misma frecuencia.

Imagine que su mente es como un transmisor. Lo que transmita es lo que obtendrá de la vida.

Si atrae cosas negativas, significa que lo que viene a usted tiene la misma frecuencia, por lo que tendrá que cambiar muchas de esas frecuencias para guiar correctamente a su hijo/a.

La mayoría de las personas no logran lo que quieren en la vida porque se concentran en lo que no quieren en lugar de pensar en lo que sí quieren.

Cuando piensan en lo que no quieren hacen una larga lista de las cosas que pudieran suceder, pero también en lo que pudiera impedir un buen resultado. Lo mismo sucede en relación con el proyecto de formar al futuro líder que vive en casa para convertirlo en un gran emprendedor.

> "Las grandes batallas se realizan, primero, en la tienda del Coronel".

Seguramente existirán más limitaciones que posibilidades y será natural que esto suceda, pero la Ley de la Atracción dice que debe cambiar la frecuencia de sus ideas para encauzar la forma en que sucederán las cosas en la vida de sus hijos.

Póngala en práctica. Escuche sus pensamientos, piense en lo que le dice sobre lo que usted desea. La Ley de la Atracción es una ley universal. Recibe pensamientos buenos o malos, positivos o negativos, de temor o de confianza, y eso es lo que se le regresará a usted cuando los ponga en acción para influir en la conducta de su hijo/a.

Le reitero, usted atrae lo que sus pensamientos le dictan. Ni más ni menos. No importa si tiene conciencia o no de la Ley de la Atracción, ésta siempre trabajará a favor o en contra de usted. Usted decide. Sus pensamientos gobiernan los resultados a través de las imágenes que construye su mente. Usted crea su vida, y todos en este mundo hacemos lo mismo.

Si tomamos conciencia de esta ley, entonces seremos más concientes del poder que tenemos para construir la vida de nuestros hijos con nuestros pensamientos. Lo que estamos pensando en este momento, ahora mismo está influyendo en el futuro de nuestras vidas y en las de ellos.

Usted cosecha lo que siembra. Los pensamientos son las semillas y los frutos que recoge dependerán de las semillas que plante y, por añadidura, esto también sucederá en sus hijos.

Con el conocimiento de esta ley podrá cambiar cualquier circunstancia y situación de la vida. No importa dónde se encuentre hoy, no importa por lo que ahora esté pasando, usted puede comenzar a elegir sus pensamientos y cambiar su vida y la de los demás.

Su vida es el espejo de sus pensamientos dominantes, y a partir de esta idea, será importante crear estas condiciones en la mente de sus hijos.

Los seres humanos tenemos la particularidad de seleccionar nuestros pensamientos libremente. De tal forma que usted tiene el poder de pensar y de crear el tipo de vida que quiere para usted y para sus hijos. La comprensión de este principio puede llevarlo a tomar conciencia de la cantidad de pensamientos negativos que dirigen, hoy, su vida, como también dirigen la relación de usted con su hijo/a.

Por años los habrá tenido, y si persiste en tener pensamientos negativos, continuarán influyendo en los resultados. Aun si no los toma en cuenta y los atribuye a factores externos o a otras personas. Si la buena relación con los hijos no es lo único que anhela, no sólo vea en ellos los problemas. Identifique la energía negativa que imprime a la relación y modifíquela.

¡Incorpore en su mente la convicción de que los pensamientos tienen un gran poder y que los factores negativos crean ambientes adversos! Puede comenzar por sustituir sus pensamientos negativos por pensamientos más saludables, con lo que creará una nueva frecuencia entre usted y sus hijos.

Construya la obra de su existencia y la de ellos con nuevos pensamientos, y no deje que el entorno, el pasado y el medio ambiente gobiernen su obra.

Cuando uno toma conciencia de sus pensamientos, también se les estimula para que ellos tomen la iniciativa. En otras palabras, determinamos qué queremos y cómo lo queremos, de tal forma que su visión se transformará en su destino.

Cualquier cosa que usted quiera y que se diga a sí mismo: "eso es lo que quiero", aumentará las probabilidades de que suceda.

Cuando piensa en las cosas que no quieres y se dice: "eso no lo quiero", al poner atención en ello, aumenta la probabilidad de que suceda aunque no lo quiera, pues la mente no puede excluir algo que significa un sacrificio para ella.

En otros términos, habrá notado que en todos los sistemas, incluso para bajar de peso, no existe la afirmación negativa: "Dejaré de comer para adelgazar". La mente sólo funciona cuando visualiza algo positivo para su vida.

Los sistemas para reductivos le hacen ver su peso real y el cuerpo que desea tener, pero no se repara en las condiciones físicas en las que se encuentra para poder lograrlo.

Por ello, cuánto más digas que "NO quieres" algo, ello aumenta aún más las probabilidades de que continúe sucediendo y se agrave cada día. Al respecto, necesita ver anticipadamente el resultado que quiere para su hijo/a. El pensamiento positivo surgirá y, en consecuencia, atraerá todo aquello que alimente el nuevo pensamiento que reforzará su mente. Lamentablemente, el resultado del examen no se manifiesta automáticamente. Existe un periodo de tiempo de maduración para que los nuevos pensamientos acumulen la atracción suficiente y todo comience a cambiar. Por ello, tenga paciencia y tolerancia durante el proceso de educación de liderazgo de sus hijos.

Los principios, como el de la atracción, actúan sin que se dé cuenta. Por ejemplo, no importa si usted no conoce la química orgánica. Los principios que rigen nuestro organismo determinarán qué hacer con los alimentos que consumimos día con día. Es decir, usted puede decidir qué comer, pero serán los principios de su química corporal los que determinen el nivel de colesterol que tendrá su cuerpo cuando acabe de comer.

Los principios actúan por que son leyes que rigen el universo de las cosas. Tal como la Ley de la Atracción.

A estas alturas, habrá tomando conciencia de la correlación que existe entre "**lo que piensa**", "**lo que dice**" **y** "**lo que obtiene**" de su vida.

Incorporará pensamientos positivos que le permitirán atraer lo que quiere para sus hijos y eliminará lo que no desea al aplicar un plan previo y positivo de proyecto. Con este principio en mente, podrá crear el mundo que usted quiere, así como les permitirá a sus hijos vislumbrar el mundo en el que anhelan vivir.

Proyecto de vida

Si piensa que el desarrollo del liderazgo de sus hijos es sólo un intento para ver como reaccionan, entonces se encontrará en problemas, se sentirá frustrado por obstáculos y desistirá durante el proceso cuando su hijo no reaccione, o no le comprenda, debido a su obstinación e insensibilidad.

Por el contrario, si decide realmente hacer de su hijo un líder, su mente jamás desistirá en el intento por transformarlo. Inmediatamente, su mente visualizará las acciones que debe tomar para resolver esos problemas. Pedirá consejos a otras personas. ¡Pero no se dará por vencido! Su mente trabajará positivamente para

---

Si desea profundizar en el tema, le sugiero leer los libros *La ley de la atracción* y *Pide y se te dará* de Esther y Jerry Hicks.

encontrar las soluciones y creará las condiciones para que la Ley de la Atracción funcione en el proyecto de liderazgo de su hijo/a.

Tome su tiempo y recuerde que ellos serán sus hijos toda la vida. Que se trata de un proyecto de vida que, en el cual, conforme pase el tiempo, ellos se reconocerán, y el gran esfuerzo que haya hecho por haberlos transformado en líderes de su propia vida, siempre, en todo instante, lo recordarán.

Importante

Si verdaderamente se compromete en construir el liderazgo de su hijo/a, escríbanos al correo **mario@borghino.com.mx** y le enviaremos un Diploma de Compromiso para que lo firme usted y su hijo/a como demostración del mutuo compromiso para llevar a cabo el contenido de este libro. En el futuro, esperamos que nos escriba al **correo hijoslideres@borghino.com.mx** para conocer los avances que ambos han tenido en su proyecto de vida.

Esta obra se terminó de imprimir en agosto
de 2007 en Litográfica Ingramex S.A. de C.V.,
Centeno 162, Col. Granjas Esmeralda
Delegación Iztapalapa, México, D.F.